U0274993

韧性变革

金蝶如何持续构建竞争优势

曹仰锋

著

清华大学出版社
北京

图书在版编目（CIP）数据

韧性变革：金蝶如何持续构建竞争优势 / 曹仰锋著 . -- 北京：清华大学出版社，2023.7
ISBN 978-7-302-63669-4

Ⅰ.①韧… Ⅱ.①曹… Ⅲ.①软件开发－电子计算机工业－企业竞争－研究－中国 Ⅳ.① F426.67

中国国家版本馆 CIP 数据核字 (2023) 第 103455 号

责任编辑：宋冬雪
封面设计：艺海鑫
责任校对：王荣静
责任印制：沈　露

出版发行：清华大学出版社
　　　　　　网　　　址：http：//www.tup.com.cn，http：//www.wqbook.com
　　　　　　地　　　址：北京清华大学学研大厦 A 座　　　邮　　编：100084
　　　　　　社 总 机：010-83470000　　　　　　　　邮　　购：010-62786544
　　　　　　投稿与读者服务：010-62776969，c-service@tup.tsinghua.edu.cn
　　　　　　质 量 反 馈：010-62772015，zhiliang@tup.tsinghua.edu.cn
印 装 者：三河市东方印刷有限公司
经　　销：全国新华书店
开　　本：148mm×210mm　　　**印　　张：**8.5　　　**字　　数：**175 千字
版　　次：2023 年 7 月第 1 版　　**印　　次：**2023 年 7 月第 1 次印刷
定　　价：88.00 元

产品编号：101809-01

大变局时代，追求高韧性增长

多年以来，我一直聚焦于研究企业如何利用战略转型与组织变革来推动自身的可持续增长，一个基本的观察结论是，竞争优势是增长的核心推动力，企业若想持续增长就必须拥有持续的竞争优势。然而，在高度动态的环境中，尤其是在大变局时代，构建持续竞争优势对任何企业而言都是一项艰巨的任务。

变革与创新是推动企业在大变局时代保持竞争优势的重要手段，影响企业变革创新的因素有很多，既有来自外部环境的因素，也有企业内部的因素。这些因素相互交织在一起，成为企业推动变革与创新的一道道难关。

变革与创新的第一个挑战，是如何达成共识。领导者在推动企业变革与创新的过程中，首先需要凝聚企业管理者的共识，唯有上下同欲，变革方能成功。然而，变革带来的不确定性，以及可能造成的动荡，常常让内部管理者对变革产生分歧，难以达成一致。基于对英特尔（Intel）、惠普等公司战略转型的研究，斯坦福大学罗伯特·伯格曼教授提出并发展了战略拐点（strategic inflection point, SIP）理论。所谓战略拐点是指影响公司持续增长的关键时间节点。在这个节点上，企业的高层领导者面临是否转换新旧模式的挑战。如果在战略拐点之后，企业仍然沿着旧模式继续发展，则会陷入增长困境，进而走向衰落；如果在战略拐点之后，企业能够通过变革与创新，采用新的模式发展，就能获得新的增长动力，进而保持持续增长。问题是，当企业的增长过程处在战略拐点时，会出现战略分歧（strategic dissonance）：企业高层管理者对当前所处的战略环境无法达成共识，并对需要采取的重要战略行动产生分歧。

也就是说，在战略拐点时期，企业内部会出现两股不同的力量：变革派和保守派。变革派主张采取积极的变革手段，支持创新，认为只有利用新模式才能为企业带来新的增长；保守派则捍卫当前的模式，拒绝变革，认为坚持现有的模式依然能够给企业带来持续的增长。分歧带来冲突，冲突会向两个方向演化：对抗性冲突和建设性冲突。如果高层管理者在战略拐点时期因战略分歧产生了对抗性冲突，就会导致董事会以及管理层之间出现纷争和矛盾，甚至在高层管理团队中发生激烈的人事动荡，这将给企业的战略转型带来灾难性影响。在战略拐点时期，构建基于建设性冲突的战略领导力机制是应对战略分歧的最好方法，这种机制重视不同的意见，鼓励开放式讨论。建设性冲突可以提高决策层和高级管理者的战略认知能力，这种能力能够快速感知外部经营环境发生的变化，决定需要采取战略行动的时机，并说服他人共同适应和拥抱变化，从而让决策者和高层管理者共同接受新的战略转型方向，促进在战略目标与战略行动之间保持一致。

变革与创新的第二个挑战是如何在变革的同时保持业绩的持续增长，实现"在转型中发展，在发展中转型"。变革不是目的，持续增长才是目的，然而，现实中，不少企业因变革不善而导致了业绩的下滑，甚至因变革而倒闭。这背后的原因是，变革是一个系统工程，它需要在战略、组织、人才、文化、能力上形成一致性，否则，仅有战略方向上的调整是不能推动变革与创新的。而且，更为重要的是，当企业从一种战略模式转型为另外一种战略模式时，会出现组织、人才、文化、能力上的冲突，如果企业不能有效管理这些冲突，变革往往就会失败。

为了研究企业在变革创新中如何解决战略分歧，跨越战略拐点，以及在变革中实现增长，本书以中国本土软件企业——金蝶集团为案例，深入研究这家企业如何在高度不确定的环境中持续构建竞争优势。众所周知，软件产业是技术革新非常快速的产业，为了获得持续的竞争优势，企业需要持续变革与创新，否则，就会被快速变化的市场淘汰。金蝶集团（以下简称金蝶）自 1993 年创立以来，在其 30 年的成长历程中，先后成功突破了多次战略拐点，利用变革与创新获得了持续竞争优势，现在已经成长为中国领先的 SaaS（软件即服务）云服务领导企业。

本书在内容结构上共包括三个部分。

第一部分主要是第 1 章。在这一章，首先，我将韧性理论和变革理论进行融合，发展出了韧性变革理论框架，解释了韧性变革与竞争优势的关系。从韧性变革到竞争优势是一个复杂的过程，韧性变革先需要克服外部环境的动态性和内部系统的复杂性带来的挑战，才能够给企业带来敏捷能力和探索能力，进而塑造企业的竞争优势，推动企业获得持续增长。其次，我详细展示了金蝶从1993年到2023年的变革历程，解释了金蝶在变革中如何克服外部环境和内部系统所带来的变革挑战。最后，基于对金蝶转型的解码，我提出了韧性变革实践模型（resilience-change practical framework，简称RPF模型），这一模型涵盖了影响韧性变革的五大核心要素：战略聚焦、组织敏捷、人才至上、技术创新以及"以心为本"的文化。这些要素共同克服了外部环境动态性和内部系统复杂性的挑战，提升了企业的敏捷能力和探索能力，从而塑造了企业的可持续竞争优势。

第二部分包括第2章至第6章，这也是本书的核心内容。我分别从战略、组织、人才、技术、文化五个变革要素入手全面剖析了金蝶的变革实践。在写作时，这5章遵循了相似的结构：首先解释每一个变革要素对竞争优势的影响机制，其次分析金蝶在变革要素中的具体实践，最后呈现我与金蝶创始人、董事会主席徐少春先生的深度对话，这一系列的深度对话能够帮助读者更加全面地了解金蝶在变革中所遇到的挑战、困惑以及所采取的重大战略举措。

第2章聚焦于战略聚焦与竞争优势。战略赢，则大赢；战略输，则大输。这一章全面分析了金蝶发展历史上的三个成长阶段，以及两次大的战略转型。从1993年到2023年的30年间，金蝶在战略上实现了从财务管理软件企业向ERP软件企业，以及从ERP软件企业向SaaS软件企业的转型，两次重要的战略转型不仅成功地实现了业务的重新组合，而且帮助金蝶在业绩上获得了韧性增长，这得益于金蝶所实施的独特战略模式，我将这种战略模式称为"精一战略"，这种战略模式的特征和我对其他高韧性企业战略变革研究的结论高度一致。精一战略的本质是在一致性与灵活性之间取得平衡，可以提高企业的战略韧性，而拥有战略韧性的企业不仅能够从危机当中复原，而且能够推动企业获得持续增长。在深度对话部分，徐少春先生深刻地回答了金蝶如何在战略变革中识别"危"与"机"。

第 3 章聚焦于组织变革与竞争优势。在这一章，我从组织结构、组织流程和组织机制三个维度解释了金蝶如何利用组织创新来获得竞争优势。在结构演变上，金蝶实现了从科层制到平台制的转型；在流程上，金蝶以构建客户中心型组织为目标，开展了 IPD（产品集成开发）流程和客户全旅程体验流程的再造；在机制上，金蝶实现了从"硬控制"到"软赋能"的转变。在深度对话部分，我与徐少春先生深入探讨了组织创新中的"变"与"不变"。

第 4 章从人才战略的视角解读了金蝶在战略变革过程中如何克服人力资源带来的挑战。在变革中，人才的能力、结构和动机会对变革成果产生重要影响。战略目标发生变化时，需要人力资源的整个体系做出相应的变革。徐少春先生在人才与战略的关系上一直坚持"先人后事"的基本原则，并推动公司不断优化人力资源管理体系，最近几年，他更倾向于用"心力资源"来表示对人才开发和使用的重视。这一章系统地解读了金蝶在人才体系建设中的"双轨机制"，全面评价了金蝶独特的人才使用机制：高绩效、高成长和高心性。最后的深度对话部分围绕着"得人心者得天下"这一主题深入讨论了人才选、育、用、留的难题与解决方法。

第 5 章分析了金蝶竞争优势背后的技术创新机制。金蝶采取了"二元创新"模式，即有效平衡渐进式创新和突破式创新两种模式。渐进式创新的目的是在当前核心业务中利用现有的技术创新能力提高产品的效率和质量，同时降低成本，以在当下赢得竞争优势；突破式创新的目的则是在未来新兴的市场中利用新技术的创新能力开发新的产品以取得未来的竞争优势。当然，"二元创新"模式对公司管理团队认知模式、资源配置等都会带来挑战，金蝶通过不断优化创新机制，培育工匠精神和极客精神，同时拥有了这两种创新能力，实现了三次大的技术创新跃迁，才得以在不同的技术周期中获得了竞争优势。在深度对话部分，我与徐少春先生探索和讨论了技术创新的驱动力问题。

第 6 章全面分析了金蝶"以心为本"企业文化的内涵，以及文化对竞争优势的影响。在韧性变革的历程中，金蝶也不断地推动文化进行变革，致力于塑造支撑变革的健康文化。金蝶的企业文化带有中国传统文化的鲜明特征，尤其是最近几年金蝶所实践的"致良知"文化，将王阳明的哲学思想融合到自身的文化体系建设之中，形成了金蝶独特的哲学体系和行为标准，在文化学习上强调"事上用功"和"心上用功"并举。在这一章，我详细分析了"以心为本"文化的四个维度：以"利他之心"赢得客户，以"信任之心"赢得伙伴，以"胜利之心"赢得成功，以"关爱之心"赢得员工。在深度对话部分，我与徐少春先生讨论了金蝶文化中的"变"与"不变"。

本书的第三部分包括第 7 章。在这一章，我拓展了韧性变革实践模型的普适性，在金蝶变革案例的基础上，增加了海尔、小米、华为等更多的案例来诠释韧性变革实践模型对企业在数字经济时代重塑竞争优势的意义和价值。毋庸置疑，核心竞争力是企业获取竞争优势的源泉。我分析了传统核心竞争力理论在数字经济时代的局限性，在此基础上提出一个新的核心竞争力框架，将数字时代的企业核心竞争力视为一个包含三项核心能力的组合，它们分别是敏捷能力（agile capabilities）、探索能力（exploratory capabilities）和数字能力（digital capabilities），我将这一组合称为 AED 核心竞争力模型。这一新的框架可以更好地指导企业应对数字经济的挑战，化危为机，重塑竞争优势。在本章的最后，我提出了影响企业塑造核心竞争力的四个关键要素，即觉察、动机、资源和行动，并将这四个要素组合成"觉察—动机—资源—行动"模型（AMRA 模型），企业可以使用这一模型来具体实践如何重塑核心竞争力。

"不尽知用兵之害者，不能尽知用兵之利也。"变革与创新是企业持续增长的一把"双刃剑"，成功的变革会推动企业不断持续增长，失败的变革会把企业拖入深渊。本书不但分析了金蝶在韧性变革中所遇到的困难与挑战，而且详细阐述了金蝶在应对挑战时所采取的措施，及其背后的战略逻辑。目的就是向读者朋友们展示一个全面、真实的变革案例，让变革者从中汲取经验与教训。我在 2018 年出版了《金蝶转型：良知与梦想》一书，本书是它的姊妹篇，前者揭示了金蝶的创业成长历史，本书则从战略、组织、人才、技术、文化等维度揭示了金蝶韧性变革过程中遇到的挑战、冲突以及所采取的相应举措，尤其对金蝶 2018 年以来的最新战略转型与组织变革实践进行了深入分析。

丹尼尔·卡尼曼在其《思考，快与慢》一书中指出，"我们人类的大脑有说不清楚的局限，我们对自己认为熟知的事物确信不疑，我们显然无法了解自己的无知程度，无法确切了解自己所生活的这个世界的不确定性。我们总是高估自己对世界的了解，却低估了事件中存在的偶然性。当我们回顾以往时，由于'后见之明'，对有些事会产生虚幻的确定感，因此我们变得过于自信"。

如今，在多变的世界里，企业高估自己的能力和对危机的预知水平显然是不明智的事情，事实上，危机难以预测，它有时会突然而至。应对危机的唯一方法，不是去试图预测危机，而是在它来临之前做好准备。在大变局时代，企业要彻底放弃盲目增长和低质量发展的幻想，全力追求韧性增长和高质量发展，唯有如此，才能在动荡多变的环境中持续构建竞争优势，让企业活下来、活得久、活得好，为社会和人类的进步创造更大的价值。

目 录

| 第7章 | **数字时代：再论核心竞争力**

第 1 章

韧性变革：持续塑造竞争优势

利用韧性变革推动企业可持续增长

当下，"韧性"已经成为一个热点词，并衍生出组织韧性、韧性时代、韧性经济、韧性社会、韧性企业、韧性领导者、韧性供应链等诸多概念。为什么这几年企业领导者都在关注"韧性"这个话题？显然，这和企业发展所处的大环境有关。2020年年初暴发的新冠疫情危机对全球经济的发展产生了极大的负面影响，2022年2月开始的"俄乌冲突"又给全球经济的复苏蒙上了阴影，多重危机的叠加把全球经济的发展推向了不可预知的未来。越来越多的领导者意识到，当下正处在一个孕育"大变革"的时代。面对高度不确定的发展环境，企业领导者们普遍感受到了"战战兢兢、如履薄冰"的真正含义，体察到了经营企业的艰难。许多企业领导者都意识到，企业要增长，但更需要韧性增长，只有先活下来，才能活得久、活得好。他们因此调整了企业发展的节奏和增长的速度。

然而，企业要想在危机四伏的环境中活下来并不容易，而要在逆势中实现韧性增长更是难上加难，如果企业自身不具备韧性，就可能在危机的冲击下破产、倒闭。过去多年，我一直致力于研究企业如何实现可持续增长，以及哪些因素会影响企业的高质量发展。在《组织韧性：如何穿越危机持续增长》这本书中，我将"组织韧性"（organizational resilience）定义为企业在危机中重构组织资源、流程和关系，从危机中快速复原，并利用危机实现逆势增长的能力。我认为，韧性不仅仅是在动荡的环境中应对危机的能力，更是一种在危机中获得成长的能力。韧性是与脆弱性相对而言的，显然，当一家企业的韧性能力越强，越有助于企业快速从危机中复原并获得持续增长；反之，如果一家企业的韧性能力越弱，就会导致其在危机中越陷越深，最终被危机吞噬。

根据韧性的强弱，我将企业分为四类：脆弱性企业、低韧性企业、中韧性企业、高韧性企业。对脆弱性企业而言，危机带来的只是灾难，这类企业在危机面前不堪一击，很快就会倒下来。低韧性企业可以抵御小危机带来的冲击和压力，但业绩往往会遭受重创，通常会持续低迷。中韧性企业有机会从大多数的危机中复原，走出困境，业绩可能暂时下滑，但会在一定的时间里实现重新增长。只有高韧性企业才能够战胜多次生存危机，不仅能够从危机中快速复原、走出困境，还能够利用每一次危机带来的成长机会，实现在逆境中持续增长。对高韧性企业而言，危机中尽管存在风险，但也蕴含着很大的机会。[1] 我发现，很多高韧性企业恰恰是在危机中，利用竞争对手倒下去的机会，抢占了市场份额，实现了逆势增长。

对企业而言，拥有韧性能力并不是一件容易的事情。要想真正拥有韧性，成为高韧性企业，需要企业领导者未雨绸缪，进行长期布局和投资。危机既是检验企业是否拥有韧性的"试金石"，也是塑造企业韧性的"炼金石"。高韧性企业的领导者意识到，危机常常难以预测，有时会突然而至，企业要做的不是精准预测危机，而是积极应对危机，在危机中拥抱变革，也正是在一次次应对危机的冲击中，企业得以不断积累韧性能力。尽管有些企业领导者声称自己有准确预知危机的能力，但是这样的领导者可谓凤毛麟角。至于这些具有强大危机预知能力的领导者是真的做到了准确预知危机，还是只是危机过后对自己领导力的"粉饰"，我们也不得而知。现实的情况是，大多数的企业领导者发现，危机难以预知，但可以预防，而提高企业的韧性能力就是预防危机的关键所在。

我们需要清醒地意识到，在大变局时代，企业要想保持可持续增长并非易事，尤其是在遭遇危机时，危机常常会扼住企业增长的势头，并有可能将企业的增长带入下滑通道，一旦企业的增长进入下滑区间，即使能够实现"U"形反弹，通常也需要5~7年，甚至更长一点的时间。根据我多年对企业可持续增长的研究，当业绩进入下滑通道，只有极少数企业能够实现"V"形反转，在很短的时间里将企业重新拉回增长的轨道。当企业的业绩开始下滑的时候，领导者更需要保持战略耐心，锻炼基本功夫，不必渴求实现"V"形反转，但需要避免出现"L"形现象，因为一旦企业的业绩长期在"L"形的底部徘徊，就会消耗大量的资源，耗尽员工们的士气，再想实现业绩的重新增长就会变得更加困难。

我的研究发现，一家高韧性的企业可以长期赚取高于行业平均水平的利润并获得持续的增长，这是因为高韧性企业能更好地利用韧性变革来吸收冲击带来的影响，更有能力承担风险和拥抱变化，而承担风险和创新变革是增长的基本驱动力。正如熊彼特"创造性破坏理论"所指出的，促进创新可能给整个经济带来扰动，却也能够带来更高的平均增长。[2] 只要企业有韧性，就可以从暂时的混乱中恢复过来，但如果企业缺乏韧性，增长路径就会下移，陷入增长困境。

韧性变革与竞争优势

凡是亲自推动过变革的领导者都会对变革的难度和挑战有着深刻的认识，变革是"说着容易，做着难"，某种程度上，求变是高风险的行为，因为变革常常导致意外和难以预测的结果。变革不仅要求企业能够应对危机带来的冲击，还要求企业能够在从危机中复原并获得增长。

我将韧性理论和变革理论进行融合，发展出了一个韧性变革理论框架（图1-1）。在这个理论框架中，我明确了韧性变革的最终目的是帮助企业获得持续竞争优势。在一个充满竞争的市场环境中，企业要想获得增长，竞争优势是核心，可持续增长背后的动力就是持续竞争优势。哈佛商学院教授迈克尔·波特在其《竞争优势》一书中指出，竞争优势提升了企业给顾客创造价值的能力。一家企业的竞争优势体现为较之竞争对手以更低的价格满足顾客的相同利益，或者是向顾客提供他们愿意额外加价的特殊利益。如果企业要想长期获得高于行业水平的利润，其基本前提是获得持续竞争优势。[3]

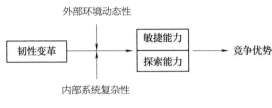

图 1-1　韧性变革与竞争优势

　　图 1-1 的韧性变革理论框架也显示，从韧性变革到竞争优势是一个复杂的过程，韧性变革转化为竞争优势的过程中还受诸多因素的影响。韧性变革首先需要克服外部环境的动态性和内部系统的复杂性带来的挑战，才能够给企业带来敏捷能力和探索能力，进而塑造企业的竞争优势，推动企业获得持续增长。在帮助企业推动变革的过程中，我发现变革之所以难以取得理想的成果，一个重要的原因是变革常常遭遇"内外夹击"。变革的成果既受到外部环境动态性的影响，也会受到内部系统复杂性的制约。

　　我对变革研究的一个基本观察结论是，外部环境会决定企业变革行为的结果，相似的变革决策在不同的环境中会产生不同的结果。外部环境是一个综合的客观存在，由国家政策、国际政治、行业政策、技术趋势、竞争对手等诸多因素组成。由于组成外部环境的因素过于复杂，高韧性企业的领导者意识到，他们难以为企业营造一个完全有利于自身增长的外部环境，能做的就是尽力提升洞察外部环境变化和感知危机的能力，先于竞争对手制定变革策略，从而避免外部环境的动荡给企业增长带来的不确定性。当然，高韧性企业的领导者也看到了外部环境动态性所潜藏的机会，如果外部环境的变化或者外部的危机没有超过企业变革应对的能力，则应对变化的过程可以增强企业的韧性。

内部系统的复杂性是韧性变革需要克服的第二大挑战。企业内部的系统涉及组织结构、组织机制、组织能力、人才结构、领导力、企业文化等诸多因素，这些因素叠加在一起会对变革产生积极或者消极的影响。比如，当企业从一种商业模式变革为另一种商业模式时，组织内部的上述因素都会对变革过程产生影响，重塑商业模式的结果往往伴随着重塑组织内部的系统。我观察到，在上述组织内部的各个因素中，组织中的人是影响韧性变革的根本要素。人既可能是韧性变革的积极推动者，也可能是韧性变革的阻碍者。基于对多家高韧性企业中个体能力特质的研究，我发现企业中个体的"微观韧性"是企业整体"宏观韧性"的基础。韧性变革着力于通过优化组织内部的结构与机制，削弱个体对变革的"惰性"，提升个体应对变革的"韧性"，从而让个体在面对危机时保持灵活的应变能力和创新能力。

利用韧性变革，企业可以持续塑造敏捷能力和探索能力，这两种能力可以帮助企业塑造可持续的竞争优势。企业的竞争优势来源于"产品—市场"的匹配，它包含两种匹配：现有"产品—市场"的匹配，以及未来"新产品—新市场"的匹配。敏捷能力帮助企业利用（exploit）现有"产品—市场"机会获得竞争优势，探索能力则帮助企业探索（explore）未来"产品—市场"机会获得竞争优势。也就是说，企业需要利用敏捷能力来应对当下环境的挑战，获得当下的竞争优势；利用探索能力来应对未来环境的挑战，获得未来的竞争优势。企业既需要立足当下，又需要面向未来。企业领导者既需要培养企业匹配目前市场机会的敏捷能力，又需要塑造探索未来市场机会的能力，唯有如此，企业才能获得持续增长。关于进化理论的一系列研究也发现，对当前环境的"过于"适应只会给组织带来短暂的最优，而无法储备应对未来变化的能力，这样的组织也是脆弱的。[4]

　　韧性变革秉持长期主义的观点，其根本目的是追求企业的可持续增长，而不是追求短暂的高速增长。推动企业进行韧性变革，需要企业领导者拥有基于长期主义的战略领导力。成立于 1939 年的惠普公司至今已经有超过 80 年的发展历史。发展到今天，惠普公司共经历过 7 次大的战略转型。2014 年，惠普公司被分拆为两家独立的上市公司：惠普公司（HP Inc.）、惠普企业公司（Hewlett Packard Enterprise）。在对惠普公司的七次转型进行深入研究之后，斯坦福大学教授罗伯特·A. 伯格曼发现，企业的成长取决于通过战略转型调解内外部环境动态之间相互作用的战略领导能力，而且企业的成长似乎有一种悖论。

　　　　惠普复杂的成长过程表明企业成长中或许存在悖论。假设一个公司在其产品市场达到了绝对统治地位从而能占据该市场大部分的可得利润，为了保持自身的统治地位，该公司必须将其越来越多的资源用以促进该产品市场发展，因为其他公司没有这样的资源。然而，随着专业化程度的加深，组织愈发受限于共演锁定的战略惰性，并且带来路径依赖。只要"产品—市场"

环境越来越好而且不被颠覆式创新所替代，该公司将会保持很好的表现。然而，如果外部环境动态从根本上发生了恶化，占统治地位的公司就面临与它赖以成功的市场一起崩溃的危险。

罗伯特·A.伯格曼教授发现的这个悖论就是：公司持续成长取决于一个公司无法在其"产品—市场"环境中取得绝对统治地位。如果一家公司在市场中处于绝对的统治地位，当面对不断变化的环境时，公司往往努力寻求利用现有一系列核心业务的独特能力不断完美适应与拓展现有"产品—市场"的统治地位，而不去探索和利用新的商业机会，这将导致企业的自我毁灭。[5]

总之，韧性变革基本框架揭示了企业可持续增长背后的动力机制。韧性变革充分利用外部环境动态性和内部系统复杂性带来的挑战与机遇，通过提升企业的敏捷能力和探索能力，塑造了企业的可持续竞争优势，从而推动企业在不确定的环境中获得持续增长。

案例：金蝶"韧性变革"历程

为了探索韧性变革背后的复杂机制，以及韧性变革如何塑造企业的可持续竞争优势，我采用单一案例研究方法，选取了金蝶这家高韧性企业进行深度研究。本研究采取纵向案例研究方法追溯、追踪研究金蝶的变革演化历程，利用"扎根理论"对原始资料进行分析，获得深刻的变革洞察，并在此基础上提出有关韧性变革的实践模型。

　　自 1993 年成立至 2023 年，金蝶 30 年的发展历史共分为三个阶段：第一个阶段，从 1993 年到 2000 年，金蝶从创业企业到成长为国内领先的财务管理软件企业；第二个阶段，从 2001 年到 2010 年，金蝶从财务管理软件企业转型成为国内领先的 ERP（企业资源计划，enterprise resource planning）软件领导企业；第三个阶段，从 2011 年到 2023 年，金蝶从 ERP 软件企业转型成为国内领先的 SaaS 软件企业。通过对金蝶成长历程进行分析发现，其经历了两次大的战略转型：从财务管理软件企业转型为 ERP 软件企业，从 ERP 软件企业转型为 SaaS 软件企业。

　　对金蝶前两个成长阶段（1993 年至 2010 年）的研究，我采用了追溯式的案例研究方法，通过直接访谈金蝶创始人徐少春先生以及金蝶的高管团队、核心客户和员工代表，结合金蝶提供的内部资料搜集并整理了金蝶在第一、二阶段的变革大事件，还原了金蝶早期所进行的战略变革的全貌。对第三个成长阶段的研究，我采取了追踪式的案例研究方法，定期追踪金蝶的变革历程。从 2009 年开始，我参与了徐少春先生联合发起的"中国管理模式杰出奖"公益活动，从此开始对金蝶第三阶段成长进行动态追踪，定期到金蝶进行访谈调研并记录金蝶的变革过程。2018 年 11 月，我受邀加入金蝶公司董事会，任独立董事，任期于 2020 年 12 月结束。在任职独立董事期间，我参与了金蝶在战略转型中的一些重大决策，并记录了金蝶在战略转型中的挑战、困惑、问题与决策过程。

　　基于韧性变革的理论框架以及金蝶战略变革的历程，我研究的核心问题是：金蝶如何在高度动荡的环境中不断利用韧性变革塑造竞争优势？它包括以下三个子问题：

（1）公司如何克服外部环境动态性和内部系统复杂性所带来的挑战并持续推动转型？

（2）公司如何利用敏捷能力提升现有"产品—市场"的竞争优势？

（3）公司如何利用探索能力培育未来"产品—市场"的竞争优势？

研究发现，金蝶的战略转型是一个不断动态演化的过程。在两次战略转型过程中，各种问题交错、纠缠在一起，企业领导者在推动变革时既要面对外部环境动态性带来的不确定性压力，又要面对内部系统复杂性所造成的变革阻碍，还要推动企业在变革中实现持续增长，这都给企业领导者的战略领导力带来了极大的挑战。

从 2011 年开始，金蝶在第三个成长阶段开始了更加激烈、更加深层次的变革，在公司内部，这次变革被称为"蝶变"。为了应对外部动态性带来的挑战，并在数字经济时代获得新的竞争优势，金蝶在两个维度上同时开展了深度变革：在业务模式上推动"产品 SaaS 化"，产品由传统套装软件模式向 SaaS 云订阅模式转型；在市场上推动"品牌高端化"，市场覆盖度由中小型企业向大中型企业转型。这次变革涉及解决订阅模式与传统模式的冲突、培育平台能力与生态系统、优化与升级人才结构以及重塑文化等若干个重大战略主题，也是本书研究的重点内容。从 2011 年到 2023 年，历时 12 年，历经艰难转型，金蝶的两条变革主线都分别取得了领先优势。

在"产品 SaaS 化"方面，据 IDC 2022 年发布的数据显示，2021 年金蝶 H1 在中国大、中、小型企业 SaaS ERM（企业资源管理云服务）市场均排名第一，并且在 SaaS EA（企业级应用软件云服务）、财务云市场占有率维持排名第一。[6]

　　在"品牌高端化"方面，金蝶在大型企业软件市场上的占有率不断提升，客户包括华为、海尔集团、吉利集团、万科集团、招商局集团、国家电投、中国通用、山西国运、山东重工、中国建设银行等诸多大型央企和世界 500 强企业。金蝶的韧性变革也得到了资本市场的认可，其市值从 2011 年 1 月 3 日的 92 亿港元持续上升到 2022 年 12 月 30 日的 582 亿港元，在 2021 年 2 月 17 日，金蝶市值曾经一度上涨至 1328 亿港元（图 1-2）。

以心为本：韧性变革实践模型

　　基于对金蝶变革案例数据的深入分析，我发现韧性变革理论框架中各变量之间的关系得到了充分验证。金蝶的一部创业史，就是一部中国本土软件企业的变革史。金蝶 30 年的持续变革实践充分显示了韧性变革是推动企业获得持续竞争优势的重要力量。在高度动荡且充满不确定的市场环境中，金蝶利用韧性变革克服了外部环境动态性和内部系统复杂性带来的挑战，不断塑造自身的敏捷能力和探索能力，在利用敏捷能力提升现有"产品—市场"竞争优势的同时，利用探索能力培养未来新"产品—市场"的竞争优势，从而在长周期中获得了持续竞争优势。同时，我也发现韧性变革是一个系统工程，它涉及战略、组织、人才、创新、文化诸多要素，这些要素有时相互冲突，有时相互支持，正是它们的共同作用提升了企业的敏捷能力和探索能力，这也充分说明了竞争优势来源的复杂性。

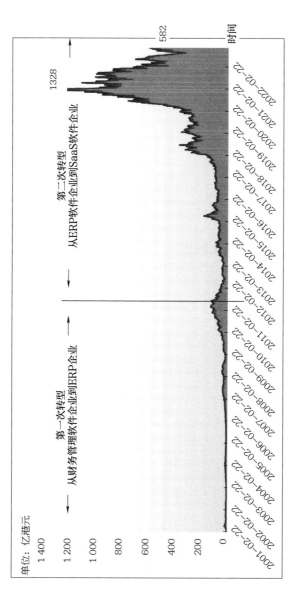

图 1-2　金蝶市值变化（2001—2022 年）

　　在韧性变革理论框架的基础上，基于对金蝶变革转型的解码，我提出了韧性变革实践模型，这一模型涵盖了影响韧性变革的五大核心要素：战略聚焦、组织敏捷、人才至上、科技创新以及"以心为本"的文化，这些要素共同克服了外部环境动态性和内部系统复杂性的挑战，提升了企业的敏捷能力和探索能力，从而塑造了企业的可持续竞争优势（图 1-3）。

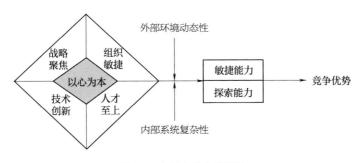

图 1-3　韧性变革实践模型

　　战略在韧性变革中起着引领作用，这种作用体现在多个方面：当企业处在不确定性的环境中时，清晰且聚焦的战略描述，再加上有效的战略沟通，不仅可以给变革指明前进的方向，还能够集聚企业的资源和力量去攻坚克难；当企业面临内外部危机时，战略所描述的宏大愿景可以激发员工的责任感和使命感，可以凝聚人心，让员工充满迎接挑战和战胜危机的力量。战略的本质是选择，战略的一致性可以减少选择的复杂性，让变革者集中注意力，心无旁骛地执行战略。同时，战略一致性可以不断优化企业的资源配置，提升战略目标与资源能力之间的匹配度，这种匹配度越高，企业在变革中面临的风险越小，韧性越强。当然，战略的一致性并不是战略的僵化，而是适应外部环境的变化不断动态调整战略目标，防止出现战略惰性。

纵观金蝶的韧性变革历程，金蝶的战略聚焦主要表现在以下几个方面。

第一，金蝶在战略上是高度专注的，自创业以来，徐少春曾多次拒绝进入其他行业赚钱的机会，专注于在软件领域发展，保持了战略定力。战略定力使金蝶在战略目标上长期保持了"一致性"，尽管其在变革历程中对战略目标有过多次不同的描述，但"成为世界级软件企业"的战略目标一直未发生变化。这一目标为金蝶明晰了竞争的领域，即使在软件产业遭遇市场寒冬的时候，金蝶也从未涉足其他产业。

第二，在变革过程中，金蝶一直采取"内生增长为主，外延扩张为辅"的策略，其在变革历史上有过几次并购，但大多数的并购主要看重的是技术能力的整合，并没有将并购作为推动企业增长的主要驱动力。

第三，在成长速度上，由于软件产业的高速增长，金蝶为了适应行业环境的变化，也曾经在第一个成长阶段强调要"高增长"，但是，在第二个成长阶段，金蝶更加注重有韧性的增长，尤其自2018年以来，金蝶将增长速度设定在20%~25%，不追求低质量的盲目增长。

第四，在资源配置上，强调适度的"冗余"，以应对突发危机对企业的破坏性影响。适度的"冗余"不是浪费，而是一种"安全缓冲"，是抵御危机必不可少的资源配置。金蝶意识到，如果外部危机的冲击没有超过自身应对的能力，企业就会变得更加有韧性。金蝶在变革过程中坚持"能力驱动战略"的基本理念，在目标与运营能力之间寻求动态平衡，从而增强了企业的韧性。

　　韧性变革实践模型的第二个要素是组织。组织变革会对战略变革产生制约作用。没有组织变革的支撑，战略变革将无法完成。在韧性变革实践模型中，我将组织的内涵界定为组织结构、组织流程和组织机制三个维度，结构决定了组织系统中每个人的工作位置，流程规定了每个人的工作程序，机制提供了每个人的工作动力。结构、流程和机制都会对企业的敏捷性产生重要影响，层级较少的分布式结构、以客户为中心的流程以及灵活的机制都有助于提升组织的敏捷力，进而提高组织的韧性。在一个高敏捷的组织中，高层管理者信息渠道畅通，他们不仅可以更快速地感知外部环境发生的变化，而且可以更敏锐地探知未来发展的趋势，这使得管理者更有动力去提升组织的敏捷能力和探索能力。另外，在一个高敏捷的组织中，与客户距离较近的中基层员工有能力和动力对客户的现有需求做出快速反应，积极主动改善产品的功能和品质，以适应市场的变化。同时，他们也有能力和动力去探知客户与市场的潜在变化，尝试探索新的机会。

　　金蝶在推动组织结构、流程和机制变革过程中始终坚持了两条主线：以客户为中心，提升客户价值；以奋斗者为本，提升员工价值。徐少春对亚马逊创始人贝索斯关于建立客户中心型组织的观点非常认同，他不遗余力地推动组织结构进行多次变革，使得组织层级越来越少，越来越扁平，其目的就是尽可能拉近与客户的距离，让组织能够真正听得到客户的真实声音。在优化组织层级的同时，金蝶成立了专门的客户成功部，基于客户全旅程体验不断优化各个触点的工作流程，还开设了微信公众号"徐少春个人号"来直接与客户互动，将客户服务平台与研发平台在流程上直接连通，时时刻刻基于客户的需求来完善产品。为了提升员工价值，金蝶在组织变革中以"大金蝶，自驱动"为指导原则，不断推动组织平台化建设，将组织结构分为业务前台、业务中台与管理后台，最大可能地提升业务前台的决策自主性和敏捷性，增强业务中台与管理后台的赋能能力。金蝶在设计组织机制时，倡导"人人都是CEO（首席执行官）""成就人人"等基本原则，不断推动组织小型化建设，建立透明的绩效—薪酬机制，从而持续推动组织向"大平台＋小团队"的模式演进。

韧性变革实践模型的第三个要素是人才。人才是变革的主体，高韧性的企业在推动变革时坚持"人才至上"的基本原则，这一原则背后的逻辑就是"先人后事"，只有人合适了，才能把事情做好，否则，使用不合适的人来开展业务会导致企业的脆弱性。企业进行战略转型时，常常需要优化人才的结构，以适应战略的演变。而且，高韧性的企业非常注重培养人才的危机意识，塑造人才的心理韧性。这些企业意识到，只有个体具有了韧性，组织才可能具有韧性。高韧性的企业喜欢招聘具有创造力的人才，这样的人才通常拥有更强的敏捷能力和探索能力，往往愿意承担风险来推动创新。在不确定的环境中，墨守成规的人常常无法取得变革的成功。通过组织的持续变革，不断改善人才工作的氛围，降低绩效不佳者行为的负性外部影响。高韧性的企业不仅在选拔人才上实行严格的标准，对人才的考核也很严格，这些企业常常通过定期的淘汰机制，持续优化做事懒散、创造力不高、绩效不佳的员工来提高人才密度，进而提升组织整体的战斗力。

金蝶长期以来一直奉行"人才至上"的基本原则，其在选拔人才时采取了"双轨制"。金蝶招纳人才的主要通道是从高校直接招聘应届毕业生，这类人才被金蝶称为"纯金人才"，与之互补的是从社会上招聘"专家型人才"。在人才培养方面，金蝶除了按照职位素质模型的要求，为人才提供不同的专业培训之外，也非常注重培养人才的领导力。在过去的二十多年，金蝶不断开发、修订和完善领导力模型，借助"高绩效、高成长、高心性"的领导力模型来培养人才的心理韧性，建设人才的心灵品质。金蝶从人才贡献、成长性、潜力三个维度对人才进行综合评价，并据此制定人才布局策略，从而不断提高人才密度。

韧性变革实践模型的第四个要素是技术创新，技术创新既会受到外部环境动态性的高度影响，又会受到组织内部敏捷能力和探索能力的影响。技术革新是影响外部环境动态性的一个重要因素，尤其是颠覆性技术革新的出现常常让在位的领先企业陷入增长的困境，应用颠覆性技术的创业公司会从多个方向侵蚀在位企业的市场地位，从而削弱这些成熟企业的韧性。为了保持竞争优势，在位企业需要非常敏锐地识别最新技术的发展趋势，并快速将新技术吸收进来，要么用于完善现有产品的功能，提高现有"产品—市场"的竞争优势；要么用于探索未来产品的功能，塑造未来"产品—市场"的竞争优势。但是，新技术的出现对既有成熟商业模式的影响在最初的时候非常微弱，之后会逐步加强，呈现"先弱后强""先慢后快"的特点。再加上在位企业的激励机制与现有产品的利润有关，丰厚的奖励回报常常让管理者不愿意尝试新的技术、新的产品和新的业务模式，他们更倾向于把资源配置在现有产品与市场上，对未来新技术的影响故意装作"看不见""看不清"，久而久之就会形成一种变革惰性，减弱了企业的敏捷能力和探索能力，从而削弱了企业长期的竞争优势。

在中国本土的软件企业中，金蝶在业内有一个"技术男"的绰号，金蝶产品的技术领先水平得到了市场的公认。从创业开始，徐少春就非常重视企业的科技创新，这和他的专业背景出身有关系。在最初的时候，徐少春亲自编写软件，更热衷于将新技术融入金蝶的产品中，从而推动产品不断获得领先优势。金蝶是中国第一家发布基于 Windows 平台的财务管理软件企业，从 DOS 升级到 Windows 平台，为金蝶的早期成长带来了领先优势。当 Java 等新技术出现时，金蝶又是国内第一家发布基于 Java 技术软件产品的企业，同样塑造了自身的领先优势。当金蝶看到 SaaS 产品的未来趋势，就率先启动了云原生平台的开发，并在业内率先发布了基于云原生架构的苍穹平台，再次在技术创新上实现引领，也代表着金蝶系列产品全面实现了"云化和平台化"。推动技术不断创新的背后，是金蝶的研发体系塑造了独特的工程师文化、创新机制，以及对创新型人才的长期培养。

文化在韧性变革中承担着基石的重要作用，它可以培育企业中个体的集体意识，塑造共同的身份认同感，这对企业战胜危机至关重要。金蝶"以心为本"的文化是韧性变革的基因，因此，在韧性变革实践模型中，我将文化放到了核心地位，它对战略、组织、人才和能力都会产生重要的影响。比如，在文化与战略的关系上，一个有趣的结论是：没有文化的战略是无力量的，没有战略的文化是盲目的。[7]"以心为本"的文化培养了员工的"共同体意识"，这种"共同体意识"是韧性变革不可或缺的因素，高韧性的企业常常塑造两种共同体意识：利益共同体和命运共同体。利益共同体以"利益"为基石，命运共同体以"情感"为基石，互惠的利益、积极的情感都有助于提高组织韧性。[8]

徐少春带领公司的管理团队信奉王阳明"致良知"的理论，他花费了大量心血在公司内部推广"以心为本"的良知文化，他相信每个人都有良知，只要能够唤醒每个人蕴藏的巨大心灵宝藏，个人就能够爆发出巨大的正能量，企业就能够战胜一切危机。"以心为本"的文化包含利他、信任、胜利、关爱等四个方面，这四个因素都有助于提升变革的韧性。

在未知的迷雾中进行变革，信任至关重要，这种信任关系不仅体现在金蝶内部，还体现在金蝶与生态伙伴之间的关系中。金蝶提出构建"信任生态"的战略，其目的就是通过建立与各类伙伴之间的信任，来塑造整个生态系统的韧性。"以心为本"的文化特别注重培养员工的"利他之心"，徐少春意识到，许多短命企业的衰落、昙花一现都是因为"利己之心"，金蝶要想成为基业长青的企业，就需要培养员工的"心灵品质"。面对惨烈的竞争环境，为了自己能够生存下来，企业很容易变得"自私自利"。如果企业陷入了"利己"的陷阱之中，就会无限扩大自己的欲望，置他人利益于不顾，企业决策者就会偏离经营之道，就会让企业变得脆弱。

在面对挑战和危机时，保持斗志昂扬的士气至关重要，士气是个体情感的重要表现，高昂的士气是正向积极的情感，它提高了组织战胜危机的可能性和速度，相反，低落的士气是负向消极的情感，它加速了组织在危机中的衰败与灭亡。金蝶一直注重塑造胜利文化，在公司内部营造"一切为了胜利"的氛围，塑造"赢"的精神。危机会减弱人们的乐观精神和冒险的意愿，给组织中的人带来心理创伤，这就需要人与人之间彼此的关爱。金蝶企业文化中有一个强有力的理念："One Kingdee, One Family"（一个金蝶，一个家），它倡导人与人之间要彼此关心、创造快乐，共同拥抱"金蝶大家庭"。研究发现，良好的沟通提供了有韧性的长期锚，可以稳定人们的预期。[9]金蝶在文化沟通中设计了独特的文化学习会，将中国传统文化学习与业务知识学习有机结合起来，倡导明心净心，回到事务的本源，在持续的学习与反省中培养管理者"以不变应万变"的能力。

接下来的第 2 章，我将从战略聚焦开始，对韧性变革的战略要素进行深入剖析，进一步探索战略要素如何影响企业塑造竞争优势。

第 2 章

精一战略：在动态环境中韧性增长

战略赢，则大赢

卓越的企业大都拥有卓越的战略，但是，拥有卓越的战略并不一定能成为卓越的企业。在动态的环境中，成为一家卓越的企业需要天时、地利、人和等多重因素的共同作用，然而，在所有影响企业卓越成长的要素中，战略无疑占据非常重要的地位。战略决定了企业发展的方向，方向不对，努力等于浪费，因此，要想成为卓越的企业，没有战略是万万不行的。正如中国上市公司协会会长宋志平所讲，战略赢，则大赢；战略输，则大输。战略选对了，企业所做的每项努力都有加和作用；战略选错了，就会背离目标越来越远，甚至全军覆没。[10] 那些曾经声称要"炸掉"战略规划部的企业，最终都品尝到了衰败的痛苦滋味。但是，我们也需要意识到，战略本身不是目的，战略的目的是在动态的环境中塑造企业的持续竞争优势并进而推动企业的可持续增长。从这个意义上讲，战略的中心任务就需要围绕着"发展方向"和"竞争优势"展开。

竞争优势是什么？说到底，竞争优势是一家企业所拥有的、能帮助企业持续超越竞争对手的能力。这里面关键的是"持续超越"，如果是一次超越，我们只能说这家企业拥有短期的或者瞬时的竞争优势，唯有持续超越，才表明这家企业拥有长期的或者持续的竞争优势。战略的基本任务就是帮助企业打造持续的竞争优势，而不是塑造瞬时的竞争优势。然而，在高度动荡的环境中，塑造持续的竞争优势越来越难了。独特的资源和能力是企业竞争优势的源泉，在技术快速革新的时代，领导者们发现企业越来越难拥有稀缺独特的资源和难以模仿的能力，这就导致业务组合趋同，产品同质化越来越严重，竞争壁垒越来越弱，最终导致竞争优势的丧失。

当企业之间的资源禀赋越来越相似，持续的学习能力和创新能力就决定了企业的竞争优势。本质上，学习能力和创新能力是一种动态能力，这种动态能力可以使企业整合、建立和重新配置内部与外部资源，从而适应快速变化环境的需要。正是在内部需求和外部机会的共同作用下，企业的战略变革方向才得以确立。由于内外部环境是在不断变化的，企业战略变革在本质上就是随着时间与环境共同演化（co-evolution）的过程。[11]

多年来，我聚焦于研究企业的战略转型与组织变革，深刻地意识到，战略的本质是在动态的环境中不断调整、适应与演化的，无论成功还是失败，战略都是领导者智慧在现实环境中的映射，它天然地反映了领导者个人选择的喜好。由于信息的不对称以及环境的不确定性，所有的战略选择都不会是完美的，都是在特定时间和场景下的"最优选择"。现实中没有完美的战略，完美的战略只存在于教科书中，只存在于战略理想主义者的想象中。

从 1993 年到 2023 年的 30 年间，金蝶在战略上实现了从财务管理软件企业向 SaaS 软件企业的转型，两次重要的战略转型不仅成功地实现了业务的重新组合，而且在业绩上获得了韧性增长，这得益于金蝶所实施的独特战略模式，这种模式和我对其他高韧性企业战略变革研究的结论高度一致，我将这种战略模式称之为"精一战略"。"精一"的概念源自《尚书》的"惟精惟一，允执厥中"，这句话的含义是坚守事物的本质规律，并在多变的环境中保持动态平衡。基于对金蝶战略模式的深入观察与研究，我发现"精一战略"的本质是既保持"聚焦"，又保持"灵活性"，从而实现一致性与动态性的平衡。

韧性变革是一个不断动态演化的过程。在战略转型过程中，各种问题交错、纠缠在一起，企业领导者在推动变革时既要面对外部环境动态性带来的不确定性压力，又要面对内部系统复杂性所造成的变革阻碍，还要推动企业在变革中实现持续增长，这都给企业领导者的战略领导力带来了极大的挑战。

在本章，我将分析金蝶 30 年的战略转型历程，这一过程涵盖三个发展阶段，涉及两次战略转型。同时，我也识别出了金蝶在每次成长阶段所面对的外部环境动态性和内部系统复杂性所带来的挑战，以及金蝶如何应用"精一战略"来应对这些挑战（如图 2-1 所示）。

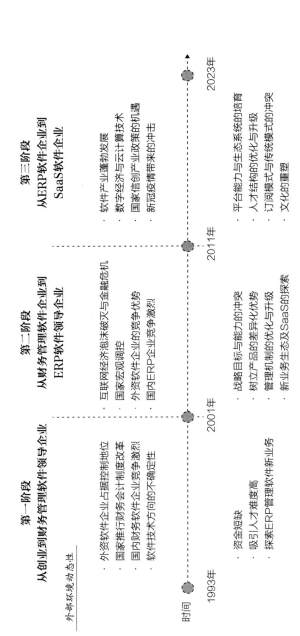

第一阶段
从创业到财务管理软件领导企业

外部环境动态性

- 外资软件企业占据控制地位
- 国家推行财务会计制度改革
- 国内财务软件企业竞争激烈
- 软件技术方向的不确定性

1993年

- 资金短缺
- 吸引人才难度高
- 探索ERP管理软件新业务

第二阶段
从财务管理软件企业到
ERP软件领导企业

- 互联网经济泡沫破灭与金融危机
- 国家宏观调控
- 外资软件企业的竞争优势
- 国内ERP企业竞争激烈

2001年

- 战略目标与能力的冲突
- 树立产品的差异化优势
- 管理机制的优化与升级
- 新业务生态及SaaS的探索

第三阶段
从ERP软件企业到
SaaS软件企业

- 软件产业蓬勃发展
- 数字经济与云计算技术
- 国家信创产业政策带来的机遇
- 新冠疫情带来的冲击

2011年

- 平台能力与生态系统的培育
- 人才结构的优化与升级
- 订阅模式与传统模式的冲突
- 文化的重塑

2023年

时间

内部系统复杂性

图2-1　金蝶韧性变革：动态的演化过程

从创业到财务管理软件领导企业（1993—2000 年）

金蝶正式创立于 1993 年，它既是公司的名称，也是公司首个财务管理软件产品的名称。据公司创始人徐少春回忆，他为产品和公司取名"金蝶"受《思念》这首歌中"你从哪里来，我的朋友，好像一只蝴蝶，飞进我的窗口"这句歌词的启发。"金蝶"这个名字不仅给人感觉非常浪漫，而且寄托着徐少春创业的初心，他希望自己公司的财务管理软件能够减轻财务人员工作的辛苦程度。在当时，许多财务人员甚至还在使用算盘这种古老的工具来处理财会业务。徐少春回忆说："我希望自己开发的财务管理软件能够像一只金色的蝴蝶一样，飞进当时全国大约 1200 万名财务工作者的窗口，帮助他们甩掉算盘。"后来，徐少春的这个理念也演变成了金蝶历史上非常著名的一句广告语：用金蝶软件，打天下算盘。

从当时外部环境的动态性来看，中国的软件企业刚刚起步，规模都很小。国内的软件市场基本上被国外的大型软件企业所控制和主导。面对强大的竞争对手，金蝶在创业之初选择了财务管理软件这一细分市场，试图从财务管理软件寻找突破口，并站稳脚跟。这一战略选择既与徐少春的财务和计算机的专业背景有关，也恰逢 1993 年我国开始推动财务管理会计制度改革，激发了企业对财务管理软件的需求。市场对财务管理软件需求的增加，催生了一大批国内财务管理软件企业，导致市场竞争非常激烈。为了能够找到独特的竞争优势，1994 年金蝶在产品开发上提出了"突破传统会计核算，跨进全新财务管理"的思路，率先将财务管理软件的聚焦点从财务核算转移到财务管理。在差异化竞争上，徐少春将金蝶的竞争优势聚焦为三点：性能优异、契合用户需求的软件产品、优秀的售后服务以及良好的客户反馈，并要求所有员工的工作都要围绕这三点进行大胆创新。

在创业初期，金蝶还面临着软件技术方向不确定的挑战。当时的财务管理软件都是基于 DOS 系统，从技术层面来看，各家竞争对手之间的差距并不大，不同的软件公司都是在用户使用功能上着力开发，底层的技术系统则几乎完全相同。徐少春希望金蝶能够在技术上与竞争对手拉开差距，通过融合最新技术为金蝶财务管理软件构建竞争壁垒，获得竞争优势。1994 年，微软公司推出了第一个简体中文版本的 Windows 操作平台——Windows 3.2，但在当时，大部分企业的计算机所使用的操作系统仍然是 DOS 系统，基于 Windows 平台的财务管理软件使用率并不普及，而且企业的硬件配置在短时间内无法跟上最新的 Windows 系统。徐少春敏锐地意识到 Windows 系统未来可能会代替 DOS 系统，坚定地支持研发团队开发基于 Windows 系统的软件产品。1995 年年初，金蝶推出了当时国内第一款基于 Windows 操作平台的财务管理软件——"金蝶财务软件 For Windows 1.0 版"。1996 年，金蝶财务管理软件被中国软件评测中心确认为中国首家优秀级 Windows 版财务软件。金蝶基于 Windows 操作平台的软件系统带动了整个软件行业的升级，促成了国内财务管理软件由 DOS 系统向 Windows 系统的迅速转移，也奠定了金蝶在国内财务管理软件行业未来的领导地位。

在内部系统的复杂性方面，金蝶面临资金短缺、人才匮乏、探索新业务等一系列挑战。和大多数创业企业一样，金蝶在创业早期也面临资金短缺的压力。尤其是 1996 年至 1998 年，金蝶基于"产品—市场"的竞争优势，成长进入了快车道，每年业绩增速高达 300%。业务的急速扩张，再加上融资渠道不畅，给金蝶带来了资金上的压力。金蝶先后通过两次股改，既解决了资金的部分压力，也通过股权激励吸引并留下了一批早期的创业者。同时，金蝶选择了与国际资本巨头合作。1998 年 5 月，IDG（国际数据集团）投资 2000 万元人民币，认购金蝶软件 25% 的股权，这让金蝶成为国内第一家引入风险投资的独立软件厂商。创业公司由于规模小，知名度不高，而且也无法给人才提供较高的薪酬，增加了吸引人才的难度。金蝶为了应对这些挑战，在创业初期就开始设计并实施了股权激励机制，通过长期激励机制吸引和留住人才。同时，徐少春还不断推动组织变革，从"一个人的组织"变革为"组织的组织"，通过建立授权体系，激发人才的责任感、参与感和主人翁精神。这些措施有效地避免了金蝶在高速成长过程中陷入人才短缺的困境。在 1999 年至 2000年期间，金蝶先后从多家国际软件企业引入一些高管加盟，这些"空降兵"极大地完善了金蝶的人才结构。

金蝶在财务管理软件市场上站稳脚跟、取得优势地位之后，便开始探索进入业务管理软件市场。1997 年前后是中国 ERP 行业的分化期，也是转折点，在此之前，国内 ERP 市场主要由国外的跨国企业垄断。1999 年，金蝶对外发布了面向企业的全面信息管理系统的解决方案，并推出了 K/3 ERP 软件产品，这是金蝶推出的第一个ERP 管理系统。到 2000 年年底，K/3 ERP 成为金蝶公司重要的收入来源。金蝶在国内财务管理软件公司中率先实现了从财务管理软件向企业管理软件的战略转型，也成功地实现了第一次产品转型，并在国内中小型企业 ERP 市场上取得了优势地位。

从财务管理软件企业到 ERP 软件领导企业（2001—2010 年）

从 2001 年到 2010 年，金蝶历时 10 年从财务管理软件企业转型成为国内本土 ERP 软件领导企业，在战略方向和业务模式上完成了第一次转型。在第二个成长阶段，金蝶在外部环境的动态性方面面临诸多挑战，主要包括互联网经济泡沫破灭与金融危机、国家宏观调控、外资软件企业的竞争优势、国内 ERP 企业竞争激烈等。

2000 年 3 月，以科技股为主的纳斯达克综合指数攀升到 5048 点，网络经济泡沫达到最高点，不久之后互联网经济泡沫开始破裂，大量科技公司的股票开始下跌，尤其是互联网科技公司损失惨重。资本市场的寒冬一直延续到 2001 年，这也对金蝶的资本市场战略产生了负面影响。从 1997 年开始，金蝶就开始筹划上市，先后论证过在国内 A 股市场、美国纳斯达克市场上市的可行性，最终金蝶选择在香港上市。2001 年 2 月 15 日，金蝶在香港联交所创业板挂牌上市，以配售的方式发售 8750 万股，成为国内第一家在海外上市、登陆国际资本市场的独立软件厂商。后来，在 2005 年，金蝶转到香港联交所主板上市。成功登陆资本市场，拓展了金蝶的融资渠道，为达成第二成长阶段的战略目标和实施并购提供了资本保障。

在宏观发展环境方面，金蝶在第二个成长阶段开局的 2001 年，正好迎来了中国正式加入 WTO（世界贸易组织），这对金蝶的发展既是机遇又是挑战。随着中国经济逐步融入全球经济体系之中，金蝶也借助中国加入 WTO 之际开启了国际化战略，开始在东南亚国家拓展业务，但同时，更多的跨国软件企业开始进入中国市场，国内 ERP 软件市场竞争更加激烈。跨国软件企业凭借长期积累的技术优势、产品优势和客户优势，基本上占领了利润相对丰厚的国内大型企业 ERP 高端市场，这给尚处于发展阶段的金蝶等国内 ERP 软件企业进入大企业市场带来了竞争壁垒，将利润不高的中小型企业 ERP 市场留给了国内本土软件企业。在一个低利润市场中，国内本土企业的产品同质化非常严重，为了获得客户，企业之间采取"价格战"互相残杀，导致整体利润下滑。更具挑战的是，在 2004 年，我国新一轮宏观调控开始，这次政策的调整旨在控制投资过热，这让那些对风险缺乏防范经验的企业付出了很大的代价，不少曾经风光一时的民营企业遭遇生存危机，甚至破产、倒闭。再加上 2008 年的全球金融危机对资本市场造成的负面影响，企业融资更加困难，这导致企业对于信息化投入更加谨慎，甚至关停了一些 ERP 项目，这都给金蝶的变革与增长带来了极大的不确定性。

在内部系统复杂性方面，金蝶在变革中面临着战略目标与能力的冲突、树立产品的差异化优势、管理机制的优化与升级、新业务生态及 SaaS 业务的探索等挑战。

2001 年 5 月，金蝶提出了"打造中国软件产业航空母舰"的五年战略规划，其战略目标是要在五年内成为中国最强大的国际性软件厂商。在这一战略的指引下，金蝶在业务布局上开始从 ERP 产品厂商转型升级为企业信息系统解决方案供应商。按照新的战略规划，未来金蝶不仅仅是一家管理软件公司，而是一家企业管理解决方案公司，这不是一次简单的产品升级，而是商业模式的升级，这次宏大的战略规划实际上给金蝶的组织能力带来了全面挑战。2002 年 3 月，金蝶发布了企业信息整体解决方案 V1.0，其应用架构包括供应链、客户价值、知识市场、价值管理、财务管理、物流管理、OA（办公自动化）、HR（人力资源）、CRM（客户关系管理）等，但由于在短时间内快速拓展了多条产品线，导致能力与目标脱节，金蝶的这一战略执行得并不彻底。

2003 年至 2004 年，金蝶调整了战略布局，重新把竞争优势聚焦在产品上，并制定了"产品领先，伙伴至上"的发展战略，这一战略的初心是金蝶自身成为产品型企业，与生态伙伴联合向客户提供整体解决方案。金蝶的战略意图是"整合聚焦、重点突破"，通过聚焦资源，以领先的产品占领应用软件市场，和合作伙伴一道打造管理软件产业的生态链。"产品领先"战略所取得的一个成果是 EAS 产品的诞生。EAS 整体信息化解决方案主要面对大中型客户，为了提高 EAS 的影响力，徐少春邀请了微软创始人比尔·盖茨现场见证由工程师演示的金蝶 EAS 的短信息审批功能。后来的事实证明，EAS 是一款非常具有战略意义的产品，直到 20 年后，EAS 依然在金蝶的产品结构中占有重要地位。2004 年 6 月，金蝶发布了面向小型企业的信息化管理解决方案——KIS（keep it simple）。至此，在产品布局上，金蝶拥有了涵盖大、中、小三类企业的整体信息化管理解决方案。

为了适应 ERP 市场愈演愈烈的竞争优势，金蝶借鉴蓝海战略的理念来塑造现有"产品—市场"的竞争优势，于 2005 年至 2007 年期间推出了"让 ERP 个性化"的差异化策略，并选择 IBM 作为重要的战略合作伙伴。2006 年 4 月，由金蝶与 IBM 联手打造的金蝶企业信息化联合实验室在深圳揭幕，时任金蝶国际软件集团副总裁兼 COO（首席运营官）的章勇在揭幕仪式上表示：

> 作为金蝶未来五年战略——让 ERP 个性化计划——的重要组成部分，"金蝶—IBM 企业信息化联合实验室"顺应了体验经济时代要求，它与以往的实验室有很大不同，其最大的优点是快速量身定做，按照客户的个性化需求通过金蝶全线产品的快速配置，搭载 IBM 高性能的配套设施，即时呈现给客户未来信息化项目的成果，让客户体验到轻松高效的信息化管理以及信息化给企业带来的个性化价值。

为了整合伙伴的力量应对竞争，在此阶段，金蝶还开始探索生态战略，发布了 BOS（business operating system）平台，这是一个软件业务的基础平台。合作伙伴可以在 BOS 平台上开发具有自己品牌的管理软件，这让生态链的合作伙伴既能担当服务者，又能扮演产品制造者的角色。对最终的企业用户而言，BOS 平台也为他们自己进行应用系统的定制、开发与集成提供了可能，他们不再只是被动接受管理软件提供商的通用产品。

2008 年，金蝶将塑造竞争优势的视角从"产品"转向"服务"，提出了从软件产品型企业向服务型企业转变的战略，将其定位调整为"金蝶，企业管理专家"，并于 2009 年正式提出了"新四年战略"，这一战略的目标是在 2010—2013 年实现从产品型企业向服务型企业的转型。在此期间，金蝶在商业模式上同步开始了 SaaS 业务模式的探索；在管理模式上，持续优化组织机制和组织能力，并开始探索中国管理模式。应当说，金蝶的"新四年战略"是一次逆势转型，由于受金融危机的影响，许多企业在当时减少了对信息化的投资，行业大势并不好，但逆势并没有放缓金蝶转型的步伐，金蝶反而加速前行。徐少春认为"萧条是成长的机会"，在公司内部会议上，他多次强调"超越往往不是在顺境中发生，而是在逆境中诞生"。

从 ERP 软件企业到 SaaS 软件领导企业（2011—2023 年）

相比前两个成长阶段，金蝶在第三个成长阶段所遇到的变革困难前所未有，其营业收入出现了自创立以来的第一次负增长，这次转型更加典型地呈现出韧性变革的特点。从外部环境的动态性来看，金蝶面临着软件产业蓬勃发展、数字经济与云计算技术快速革新、国家信创产业（信息技术应用创新产业）政策以及新冠疫情等带来的挑战与机遇。

2011 年，是我国"十二五"规划的开局之年，政府出台了进一步鼓励软件产业发展的政策。金蝶高层管理团队为此而普遍感到乐观，认为"未来十年将是中国企业转型的十年，是管理与 IT 服务行业的黄金十年"。另一个利好政策是国家于 2016 年开始大力推进从基础硬件到基础软件再到应用软件三个层级的国产化替代，在这一政策的指引下国内各级各领域加大了对国产设备及软硬件的采购力度，也直接推动了国内信创产业的蓬勃发展，国内各大信创产业软硬件企业被赋予了新时代信息强国的责任和使命。[12] 这些利好政策虽然给金蝶这样的软件龙头企业带来了发展机会，同时也带来了巨大的挑战。国家的信创产业政策一方面影响了一些跨国软件企业在大型企业市场的占有率，这些大型跨国企业开始在中型企业市场发力，金蝶软件业务的核心市场遭到冲击；另一方面，利好政策刺激了更多的国内软件企业进入大型企业管理软件市场，这里又是金蝶业务主攻的新市场。在大型企业市场和中型企业市场的竞争同时加剧，这给金蝶转型与增长带来了巨大的不确定性。

从 2011 年开始，伴随着云计算、人工智能、大数据等技术的快速革新，SaaS 这种基于云的软件交付模式也进入了快速发展的轨道。和传统的套装软件模式不同，SaaS 模式由云提供商开发和维护云应用软件，提供自动软件更新，并通过互联网以即用即付费的方式将软件提供给客户。2015 年被称为中国 SaaS 元年，这一年 SaaS 企业融资超过 84 起，融资金额近 40 亿元，是 2013 年融资额的 10 倍。[13] Gartner 公司 2017 年发布的报告曾预言，SaaS 解决方案的销售额将继续以每年超过 23% 的速度增长。[14] SaaS 市场的快速发展推动金蝶等传统软件企业加速从套装软件向 SaaS 模式转型，同时也催生出了大量新兴的 SaaS 软件企业，这些新兴的 SaaS 软件企业在特定的细分市场上挑战大型软件企业，对传统大型软件企业的业务也产生了巨大的威胁。

2020 年年初暴发的新冠疫情打乱了金蝶的战略节奏，这一年，金蝶提出了未来三年要"用云订阅模式再造一个金蝶"的战略目标，但是，突然而至的新冠疫情不仅极大地影响了金蝶自身正常业务的发展，也导致许多客户减少了对数字化的投入。持续近三年的新冠疫情，给金蝶的转型和增长带来了巨大挑战。

从内部系统复杂性来看，金蝶在第三个成长阶段开展了更加深层次的变革，在公司内部，这次变革被称为"蝶变"。为了应对外部动态性带来的挑战，并在数字经济时代获得新的竞争优势，金蝶在两个维度同时开展了深度变革：在业务模式上推动"产品 SaaS 化"，产品由传统套装软件模式向 SaaS 订阅模式转型；在市场上推动"品牌高端化"，市场覆盖度由中低端客户向高端客户转型。这次变革涉及解决订阅模式与传统模式的冲突、培育平台能力与生态系统、优化与升级人才结构以及重塑文化等若干个重大战略主题。由于变革的焦点过多，导致资源配置不足，这次变革让金蝶在 2012 年营业收入出现了负增长，并由此进入增长困境，直到 2017 年，营业收入才恢复到 2011 年的水平，并从此重新获得持续增长，走出了一条"U"形增长的曲线，体现了韧性变革的特点（如图 2-2 所示）。

在 2011 年年度经营启动大会上，金蝶提出了"转型、整合、高增长"的战略总方针和六项战略业务。这六项核心业务包括管理软件业务、管理服务业务、中间件业务、电子商务与电子政务、医疗卫生和国际业务。

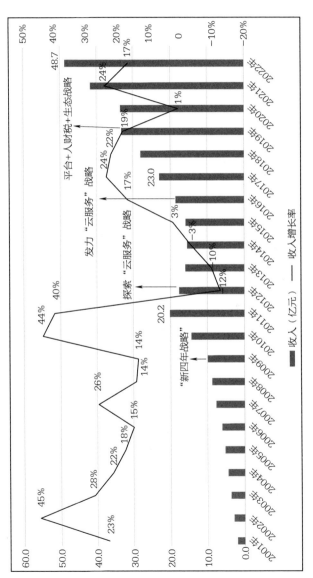

图 2-2　金蝶营业收入与增长率（2021—2022 年）

当时我们在往大企业方向走的时候，原来我们还在中小企业市场比较强，但是看到很多大客户冒了出来，其实我决心要往高端走，那就是要往服务走，往咨询服务走。当时我们在咨询上和这些国外公司有很大的差距，像 SAP、Oracle 它们都有很强的生态咨询服务商，所以都是咨询先切入进去，然后再卖产品。

令徐少春和金蝶管理团队没有想到的是，金蝶向服务转型的"高增长"的发展模式遭到了投资者的质疑，在 2011 年 8 月 17 日中期业绩发布会当天，金蝶股价下跌了 16%，第二天下跌 7.9%，第三天下跌 6.5%。仅仅三天，总共跌去 40 亿元市值，几乎是金蝶市值的一半！显然，外部投资者并没有像金蝶的管理团队那样对转型充满信心，相反，投资人对金蝶高速扩张所带来的成本高涨以及现金流问题表示担忧。同时，投资人还担心，由于人员急速扩张，管理复杂度呈指数级上升，已经暴露出金蝶在管理中的种种弊端，他们甚至担心金蝶的管理会失控。2012 年，金蝶的"新四年战略"陷入窘境，内外交困，再加上一些高管的离职，金蝶放缓了执行"新四年战略"的速度，并开始了大规模的业务缩减和组织调整。到 2013 年上半年，金蝶集团的员工人数从 12000 多人急剧缩减至 8000 人左右。

虽然金蝶在转型中遭遇到业绩下滑的挑战，但是，短期的业绩下滑并没有改变徐少春向"云管理"转型的战略决心。

2012 年 3 月，金蝶正式提出云管理转型战略，其意图是利用社交网络、移动互联、云计算这三项新兴技术，帮助客户进行云管理转型，具体措施是：融合社交网络技术，创新企业管理软件应用，形成"社交化 ERP"，有效激活跨组织协同工作；融合移动互联技术，在智能终端上布局管理应用，有效加速管理流程；融合云计算技术，打造云管理平台，帮助企业创新业务模式，实现低成本和高效经营。在徐少春看来，云管理是社交网络、移动互联网、云计算等新兴技术所催生的一种创新型管理模式，它能够在支撑企业重塑管理模式、创新商业模式上，发挥出不同于以往的效力。基于以上的认知，金蝶开始推动公司产品向"云端"升级。2012 年 8 月 8 日，金蝶举行"云管理新产品发布会"，将企业社交网络产品金蝶微博升级为"云之家"，将基于云平台的社交化 ERP 产品——金蝶 K/3 Cloud——升级为金蝶云。2013 年，K/3 Cloud 尝试开拓中大型企业 SaaS 市场。

从 2013 年至 2016 年，为了平衡 ERP 核心业务和云管理成长业务对公司资源的需求，金蝶将业务模式定义为"双核驱动"，即 ERP 业务加企业互联网服务业务。这一平衡战略增强了企业的韧性，帮助金蝶走出了增长低谷。ERP 核心业务虽然难以实现跨越式的增长，但依然可以为企业贡献稳定营业收入和现金流，而数字技术催生下的云管理新业务虽然符合变革趋势，有可能实现指数级的增长，但是难以在短时间内为企业贡献营业收入和现金流，其商业模式也需要不断验证。在新产品的研发上，金蝶在 2016 年开始探索设计"下一代 ERP"。金蝶高级副总裁孙雁飞回忆说：

> 我记得特别清楚，当时抽调了一批人，最早是 36 个人，集
> 中到了 8 楼，也就是现在的生态部办公的地方，当时叫下一代，

金蝶下一代。因为金蝶的策略是销售一代、研发一代。当时我们把研发一代放在了技术团队上，就是研发新一代的 ERP。

2016 年是金蝶变革的转折之年，这一年金蝶走出了增长低谷，营业收入同比增长率达到 17%，业绩重新开始出现增长势头。金蝶借势加大了向云服务公司转型的步伐，并对外宣布其产品将从 ERP 全面转向金蝶云。在云产品上持续五年多的投资终于在 2017 年取得变革成果，当年，金蝶营业收入达到 23 亿元，同比增长 23.7%，其中金蝶云业务收入同比增长 87.7%，成为全年业绩的亮点。受公司业绩的利好影响，金蝶股价在 3 月 14 日上涨约 15%。在回顾金蝶 2011 年至 2017 年期间转型的艰难困境时，徐少春常常感慨正是自己内心所坚守的信仰让他带领金蝶走出了这次困境。

作为一名创业已经二十多年的人，我总是在问，是什么让我坚持了二十年的艰苦奋斗？是什么让我有力量继续前行？是什么让我活着？不是因为我的躯壳，而是源于我的内心。是内心的力量支撑了我。

在金蝶整个变革历程中，"产品领先、伙伴至上"是一条核心的变革主线。金蝶的战略意图是开发出卓越的核心产品，由伙伴来完成销售、交付以及细分领域产品的开发等功能，从而形成一个基于云服务解决方案的商业生态系统。金蝶意识到，要想构建一个繁荣且有竞争力的商业生态系统，必须建立一个强大的数据平台。2018

年 8 月，金蝶正式推出了"金蝶云·苍穹"，它的定位是基于云原生架构的大企业云服务平台。苍穹平台迎来的第一个大型企业客户是华为，同年，金蝶与华为签署战略合作协议，华为与金蝶在云计算、大数据、人工智能等多个前沿技术领域进行战略合作，并涵盖市场推广、国际化业务、人才培养等具体合作项目。借助与华为的合作优势，金蝶逐步巩固在企业级 SaaS 云服务市场的领先地位。

2019 年，金蝶洞察到，在数字经济的推动下，行业价值链和企业核心竞争力正在加速重构，新一代 EBC（enterprise business capability，企业业务能力）将成为数字企业的核心能力。为了适应这一变化，金蝶推出了"金蝶云·苍穹 2.0"版本，将其定位升级为大企业数字共生平台，平台的核心目标是为企业构建 EBC 五大能力，包括链接客户的能力、链接生态伙伴的能力、链接设备的能力、链接员工的能力以及数据分析能力。基于苍穹平台在市场上的先发优势，金蝶提出了"平台 + 人财 + 生态"的组合战略，这一战略在 2021 年被升级为"平台 + 人财税 + 生态"，其战略意图是金蝶做强苍穹平台，做好"人财税"核心应用产品，其他应用产品由生态伙伴基于苍穹平台来开发完成。

2020 年是金蝶转型极具挑战的一年，徐少春认为是变革过程中"浴火重生的一年"。这一年，新冠疫情肆虐，国际贸易摩擦不断，为企业带来重重挑战。金蝶并没有在挑战中放慢转型的步伐，反而将挑战视为机遇，适应了企业加速数字化转型的市场变化，主动停掉传统 ERP 端产品，加速向云订阅模式转型，实现了云业务同比 45.6% 的高速增长。但是，由于整体营业收入增长减速，再加上在产品研发和大企业信创市场上的投资较大，金蝶出现了自 2013 年以来的首次亏损，当年利润亏损约 3.4 亿元。

2020 年至 2023 年，金蝶将战略聚焦在"平台＋人财税＋生态"上，以此来应对软件市场的快速变化，不断塑造公司在 SaaS 领域的竞争优势。为了适应客户对敏捷性的需求，金蝶苍穹平台不断升级自身的核心能力，在云原生架构的基础上，以金蝶动态领域模型（KDDM）为技术核心，持续深化低代码开发、主数据管理等技术能力。金蝶管理团队意识到，只有持续不断地将苍穹平台打造成一体化低代码可组装平台，才能够释放软件应用的开发生产力，为 EBC 平台构建奠定坚实底座，从而帮助企业快速响应瞬息万变的市场需求，提升企业的敏捷力。在"人财税"应用领域，金蝶面向大中型企业客户，分别形成了星瀚、星空和星辰三大解决方案。其中星瀚以财务中台、EPM（企业绩效管理）、全球司库为代表应用，涵盖大企业集团财务、集团税务、全球人力资源、集团生产采购等全方位的数字化管理，助力大企业国产化替代；星空作为集成"ERP+MES（制造执行系统）+PLM（产品生命周期管理）"一体化 SaaS 解决方案，服务中型客户研发、制造、供应链、营销、财务等全领域的转型；星辰服务成长期的小型企业，帮助它们建立规范化业务流程，实现高效内外业务协同，提升财税管理及经营决策效率。在生态战略方面，金蝶以构建一个"共商、共建、共生"的大生态为战略使命，将苍穹塑造成为生态系统中的 PaaS（平台即服务）平台，构建生态赋能与发展体系，广泛连接了咨询、产品、实施与开发、渠道、服务等多样化的生态力量，持续赋能生态伙伴专注于其优势领域创造价值。

精一战略：塑造战略韧性

通过对金蝶战略转型历程的分析，我发现精一战略中的"聚焦思维"在金蝶转型中体现得非常充分，这主要表现为三个方面：第一，聚焦于机会，做专市场；第二，聚焦于科技，做精产品；第三，聚焦于体验，做深用户。

韧性增长首先需要解决的问题是"在什么领域创造价值"，这一问题事关企业的战略选择和市场布局。精一战略在市场选择上的一致性原则是：聚焦于机会，做专市场。要想在动荡的环境中保持韧性增长，企业需要塑造战略洞察力，善于捕捉、发现潜在的市场机会。一旦发现了大机会、大市场，就需要保持战略定力，深耕市场，把市场做专、做透。相反，如果企业不能保持战略定力，没有战略耐心，肤浅地游走在多个市场的边缘，不能深耕市场，就无法获得持久的竞争优势。

多年以来金蝶的核心业务一直聚焦在软件产业，并没有因为受到其他高利润产业的诱惑而偏离主航道。在一次与徐少春的交流中，他告诉我金蝶在创业早期，正赶上深圳的房地产产业如火如荼，有朋友劝说他进入房地产产业，挣钱的速度远远快于软件行业，但是，徐少春并没有被房地产的利润所吸引，而是心无旁骛地专注于软件产业。在金蝶的发展历程中，像这样的诱惑还有很多，金蝶都没有改变创业的初心，即立志成为一家"世界级的软件企业"。尽管金蝶的影响力和规模距离这样的宏大目标还有不小的距离，但是，这颗初心一直被保持着，在金蝶的年度会议上，这一创业的使命也常常被提及，并用来激发金蝶员工的斗志。

事实上，金蝶在2012—2017年所遭遇的变革危机，也恰恰反映了背离精一战略给企业带来的困境。当时，金蝶在主营业务的转型方向是成为服务型企业，这一定位实际上背离了软件企业的定位，偏离了金蝶曾经擅长的软件业务，将资源配置在服务业务上，甚至提出只要客户有需求就可以购买竞争对手的产品。人才和能力是对战略的最大制约因素，当时，金蝶受限于解决方案型人才和能力的不足，战略并没有执行到位，反而导致业绩开始出现下滑。

精一战略还要求企业在市场选择时保持一定的战略灵活性。

第一，企业需要动态地将外部的机会与自身的优势进行比较，并不是所有的机会都是真正的机会，有些看起来有很大容量的市场领域可能不是机会而是陷阱，企业需要选择自己有比较优势的市场领域，在这样的市场领域，企业可以将自身的优势转化成竞争力，从而获得增长的机会。比如，在金蝶向服务型企业转型时，将IBM作为转型的标杆对象，重点强调为企业提供全面解决方案，这看起来似乎市场机会很大，但这些机会并不是当时的金蝶所擅长的，后来，徐少春在战略复盘时也认为当时"走错了路，走了一条其他企业走过的'老路'"。

第二，企业需要动态地调整业务组合。在一个市场容量大的领域中，用户的需求呈现出多元化的特征，企业很难为用户提供全需求的产品和服务，这就需要企业不断地调整业务组合，在一个个细分的市场领域获得竞争力。金蝶现在所坚持的"平台＋人财税＋生态"战略非常清晰地界定了金蝶自身的业务以及生态伙伴的业务边界。这一战略的基本构想是，金蝶利用苍穹平台构建一个能够支撑自身以及生态伙伴开发软件应用产品的数据平台，这一平台是金蝶生态系统的基石。金蝶将软件业务定位成人力资源、财务和税务三大解决方案，对于客户需要的其他产品则由生态伙伴来提供。

　　第三，企业需要灵活地调整增长速度，合理的增长速度既与整个行业的增长速度有关，也受企业自身能力和资源配置影响。高韧性的企业对成长速度有敬畏之心，它们从来不追求爆炸式的高速增长，而是不断根据内外部的环境变化动态地调整企业的增长速度，让企业的增长稳健且可持续。金蝶早期的成长速度很快，首先是因为当时的企业规模较小，其次是因为软件产业处于高速成长期。在2010 年和 2011 年，金蝶营业收入同比增幅分别达到了 44% 和 40%，如此高的增长速度让金蝶在当时对未来发展过于乐观，制定了较高的增长目标，在资源配置上也过于冒进，公司人员规模大幅度增加，最终导致企业出现业绩下滑。徐少春事后坦言，当时制定的增长速度太高了，没有坚守住稳健增长的核心原则。2017 年金蝶走出危机之后，徐少春就将稳健增长确定为金蝶在制定目标时必须坚守的基本原则，将每年的增长率指标确定为 20%~25%。

　　韧性增长需要解决的第二个问题是"如何创造价值"，这一问题事关企业的增长动力。精一战略在增长动力上的一致性原则是：聚焦于前沿科技做精产品。毫无疑问，产品是价值的载体。如果没有精品，企业就无法俘获用户的"芳心"，增长更是无从谈起。然而，企业需要意识到精品不会凭空产生，精品是前沿科技的呈现，没有前沿科技就很难有真正的精品。这就需要企业加大科技资源的投入，在资源配置上高度聚焦于前沿科技，以科技驱动成长，并不断塑造核心竞争力。

金蝶长期坚持科技驱动企业增长的策略，不管是在创造早期率先在业内推出 Windows 版财务管理软件，还是现在推出的基于云原生的苍穹平台，金蝶擅长利用前沿科技开发新的产品，并取得领先优势。除此之外，金蝶还借鉴了亚马逊公司"增长飞轮"的理念，制定了金蝶的"增长飞轮"，这一飞轮包括五个基本的构件：更好的产品、更好的生态、更好的交付、更好的服务、更好的口碑。金蝶"增长飞轮"的基本逻辑是利用前沿科技打造精品，只有更好的产品才能够构建更好的生态，吸引更多的生态伙伴加入金蝶的商业生态系统。随着高质量伙伴数量的增加，将会提高产品的交付能力，从而实现更好的交付。更好的交付可以促进更好的服务，这里的服务不是一般意义上的售后服务，而是"客户成功"，帮助客户成长、成功。更好的服务会带来更好的客户口碑，让客户推荐客户，这就可以给公司带来新的增长。当公司获得较好的盈利之后，就可以拿出更多的资源投入到前沿科技之中，开发更好的产品，从而让"增长飞轮"形成闭环，这些要素之间相互促进，相互影响，最终形成推动金蝶持续增长的动力机制。

企业在科技上的投入与应用还需要保持战略灵活性。首先，将前沿科技与应用科技动态匹配。前沿科技投入期较长，而且科技成果转化较慢，这就需要企业在制定科技战略时要充分平衡前沿科技与应用科技的比重，平衡二者的资源配置。其次，将前沿科技与产品战略动态匹配。尽管前沿科技成果能够给企业带来持续的竞争优势，有利于企业建立基于专利的"护城河"，但是，企业也需要将前沿科技与产品战略动态地匹配起来，否则，就无法将前沿科技成果转化为令用户惊艳的产品。最后，将产品组合与用户需求灵活匹配。如果企业掌握了底层的前沿科技，就可以相对容易地生产出各种终端产品，形成多样化的产品组合。这些产品组合需要与用户需求灵活地匹配起来，尊重客户的产品需求、服务需求和价值需求。

　　韧性增长需要解决的第三个问题是"创造什么价值"，这一问题事关企业的增长本质。精一战略在增长本质上的一致性原则是：聚焦体验做深用户。高韧性的企业意识到用户价值是增长的本质与目的，只有为用户创造独特价值的增长才是可持续的、有韧性的。在数字经济时代，企业仅仅为用户创造基于产品的功能性价值是不够的，还需要为用户创造基于场景的体验价值。只有聚焦于体验价值，企业才能够为用户创造终身价值，才能够把一次性交易用户逐步变成终身用户。企业为终身用户创造价值的大小决定了企业增长的潜力。

　　企业在聚焦体验做深用户时要保持战略敏捷性。

　　第一，利用多品牌动态地覆盖全用户。所谓全用户包含低端、中端和高端三类消费群体。当增长机会从增长市场转向存量市场时，企业为了保持一定的增长速度，通常需要扩大用户群，利用多品牌来覆盖全用户。但是，实施全用户战略并非易事，尤其是企业从中低端品牌向高端品牌升级，比从高端市场下沉到中低端市场面临的挑战更大。这就需要企业精准地评估自身的优势与能力、品牌价值，动态地覆盖全用户。金蝶在平台和 SaaS 产品上采取了多品牌策略，苍穹的定位是基于云原生的数据平台；星瀚的定位是大型企业的 SaaS 应用解决方案，星空是中型企业的 SaaS 应用解决方案，星辰是小微企业的 SaaS 应用解决方案。这种"一箭三星"的产品布局模式，涵盖了大型、中型和小微企业市场。

第二，利用"平台生态一体化"模式动态地创造全场景价值。全场景价值是从空间的维度拓展为用户提供价值的范围，从而为企业找到新的增长点。企业需要基于用户的场景需求，利用平台生态一体化模式，动态地识别用户的核心场景来创造体验价值，从单一场景到垂直场景，再从垂直场景到融合创景，从而实现从单场景价值到全场景价值的升级。

在数字经济时代，传统企业都需要向数字企业转型，企业对数字化转型解决方案的需求是全方位、全场景的，单一一家企业很难满足客户企业的这些需求。金蝶的策略是利用生态伙伴的力量，采取平台生态一体化的战略，通过与战略生态伙伴的合作来满足客户的全场景需求。

总之，精一战略能够提高企业的战略韧性，这一战略的本质是在一致性与灵活性之间取得平衡。拥有战略韧性的企业不仅能够从危机当中复原，更重要的是，战略韧性可以帮助企业持续识别、消除那些削弱公司核心业务盈利能力的不利因素，并能防患于未然，在危机来临之前进行变革，从而避免进入下一次的危机。

深度对话：战略中的"危"与"机"

曹仰锋： 2009 年金蝶提出了"新四年战略"，主题是转型、整合、高增长，业务上提出了"ERP+ 咨询解决方案"，当时为什么会提出这样的战略转型？

徐少春： 其实，现在看，这是一个不正确的战略，或者说是一个超前的战略。2008 年发生了金融危机，我看了一些书，提出在危机的时候反而要积极进取，当时我的心态是一定要进取。所以我们提出了一个"新四年战略"。但是，当时的转型方向不是转型为一个真正的云服务企业，而是希望成为一个"ERP+ 咨询"的企业。

曹仰锋： 当时提出的是"ERP+"，这个"+"只是"+ 咨询"吗？还是说"+"后面还有其他东西？

徐少春： 咨询是一个最主要的推动力，当时我们在往大企业方向走的时候，在中小企业市场还比较强，但是也看到很多大客户冒出来了，我决心要往高端走，那就是要往服务走，往咨询服务走。当初金蝶和这些国外公司像 SAP、Oracle 的差距主要是，他们都有很强的生态咨询服务商，所以都是先以咨询切入，然后再卖产品，可是金蝶没有这个咨询能力，我们当时确定的转型方向是转型为一个高端的 ERP 厂商，希望金蝶能做咨询，所以专门成立了一个咨询事业部，咨询人员超过了 140 人，当时的目标是要达到 400 人。那个时候咨询不仅仅是财务咨询，我们连战略咨询都做。

曹仰锋： 但是，这个战略执行得并不顺利。

徐少春： 是的。实际上这个战略执行了两年以后，从 2010 年到 2011 年，规模迅速扩大也带来了许多新的问题。其实，金蝶本身的产品应该是要往"云服务"的方向转，但是却选择了往"咨询"方向走，这其实是走了 SAP 这些公司的老路，而不是产品技术的转型。有了大规模的咨询队伍以后，就需要大量的咨询业务来支撑。当时，我们的咨询团队甚至还提出去卖 SAP 的软件。我记得我们有一家客户叫紫金矿业，原来用的是金蝶的 K/3，用了一段时间公司规模大了，K/3 和 EAS 都支撑不住了，因为当时我们的产品还不能完全满足客户的需求，我们就告诉客户我们可以做 SAP 的产品。

曹仰锋： 您是什么时候发现这个战略有问题的？

徐少春： 2011 年 6 月我就发现形势不对头。一方面，我们请了很多高端的咨询顾问进来，人工成本非常高；另一方面，我们连 SAP 的软件都可以卖了，金蝶就变成了一个解决方案公司，变成了一个咨询公司，这和我的初衷并不吻合。我觉得我们正在忽视金蝶原有的核心能力、产品能力，加上当时人员迅速扩张，很快就超过了 1 万人，人工成本上升速度很快，所以，我感觉到这个方向不对。2011 年 8 月在香港发布半年业绩报告的当天，公司的股价大跌，显然投资者并不认可我们的转型方向。我当时也很焦虑，后来就迅速调整，开始往"云服务"的方向走。

曹仰锋： 当时金蝶成立了很多行业解决方案事业部？

徐少春： 对，成立了许多行业解决方案部门。

曹仰锋： 设立行业解决方案部门是许多大型咨询公司常用的组织模

式，您觉得金蝶行业解决方案这个模式没有做好是什么原因呢？

徐少春：　这个战略我们没有继续执行下去，"新四年战略"执行了不到两年就终止了，因为我感觉这个方向是错的，这条路是一条老路。当时，互联网已经风起云涌，阿里、腾讯这些公司发展很快，我们应该还是要回到产品，往"云服务"的方向转型。所以，在 2011 年下半年，在第三季度，我心里就已经想好了，我们要坚定地向"云服务"的方向走。

曹仰锋：　从 2012 年开始，我发现公司的战略方向开始向"云服务"转型了。

徐少春：　对，我们加快了开发云产品的步伐。

曹仰锋：　当时公司为什么突然增加这么多人员？

徐少春：　我当时认为人才战略不成功，业务战略就不可能成功。所以当时特别鼓励一线、总部扩展咨询人员，一线多招专家级人才，工资待遇也提高了不少。当时有一个观点，说如果组织能力超不过竞争对手，战略就不可能超过，我们在传递这个声音的时候就没有特别强调质量而是追求人才的数量，结果人员规模迅速扩大。现在看起来那个时候战略往高端服务走，把这个战略方向作为整个公司的方向是有问题的。如果将这个业务作为公司的探索方向是可以的，但整个公司发力往那个方向走，我现在认为是错误的。

曹仰锋：　您觉得它错在什么地方呢？

徐少春：　咨询应该还是靠生态伙伴去做，而不是自己去做。我们公司的定位首先是产品公司，其次是服务公司。但是，当时整个战略转型的基调似乎是服务大于产品，产品的重要性降低了，这才出现了我们的团队销售竞争对手产品的情况。我曾经提出一个战略三角模型，包括成本领先、运营领先、产品领先，但当时并没有继续坚持产品领先战略，不再坚持产品领先战略，而是坚持提供整体解决方案。当时我们有一个客户是深圳的一家公司，现在这家公司的董事长我们还有联系，他是搞矿产业务的，公司用了金蝶的财务系统，他的公司需要做咨询，我们的咨询团队也去投标了。我还直接给他打电话，说我们也做了战略咨询。结果，战略咨询没交付好，说白了当时是想学习 IBM 的业务模式。

曹仰锋： 金蝶营业收入在 2011 年达到峰值以后，2012 年开始下滑，一直到 2017 年收入才超过了 2011 年的营业收入，业绩增长出现一个典型的"U"形曲线。2012 年到 2017 年是金蝶转型极为艰难的几年，这几年的转型对金蝶未来的发展有哪些经验和教训？

徐少春： 有很深刻的教训，企业的发展如果战略方向有误，要再调整回来的代价很高。2010 年金蝶营业收入是 14.4 亿元，2011 年的营业收入达到 20.2 亿元，连续两年公司营业收入的增长率都超过了 40%。如果我当时不追求这个规模，不以追求规模为目标，而是开始云转型，也许公司增长就不会进入"U"形。

曹仰锋： 基于我对多家企业增长战略的研究，一旦公司的业绩增长进入"U"形通道，再复原回来通常需要 7~8 年的时间。金蝶从 2012 年开始业绩下滑，到 2017 年业绩重新超过 2011 年的规模，也用了整整 7 年时间。

徐少春：　这可能是一个基本规律。一旦战略调整了方向，业务就需要收缩，还要优化和裁撤人员，这就会出现士气下滑，还要调整员工的心态，这是很费劲的。一家上万人的公司就像一艘巨型的船，方向不是想调马上就能调整，而是要经过很困难的调整。

曹仰锋：　有句话说：不怕慢，就怕站。企业增长也符合这个规律。假设当时金蝶不追求大于 40% 的速度扩张，而是每年按照 20% 的速度增长，以 2011 年为基准，我计算了一下，到 2017 年的时候，金蝶的营业收入将会达到 60 亿元。

徐少春：　是的，如果按照持续 20% 的速度增长肯定比现在的规模还要大，实际上营业收入重回 20 亿元以上是在 2017 年。一个企业的增长不是说增长就能增长，而是要经过一番蓄势待发，是要积累组织能力。再加上外部不确定的环境也会影响增长速度，导致增长的不确定性。

曹仰锋：　如果从复盘的角度来审视金蝶的"新四年战略"，有哪些经验教训？您对金蝶的管理者以后制定战略有什么建议？

徐少春：　有一句话叫回归常识，其实还是要回归本质。一个组织的发展应该是不断蓄积能量，像爬山一样，势能是不断累积的。要坚持长期主义，要依道而行，不能违背企业发展规律，不能违背本质。金蝶首先是一个产品公司，这是我从创业之日起就确定的一个战略基因。一个组织的基因，首先就是产品。因为有了产品，你才能够给客户提供以产品为基础的服务。"新四年战略"要把"以产品为基因"改成"以服务为基因"，我觉得这是完全违背了我当时创立金蝶的初衷和本心。

曹仰锋： 我觉得这一点反思很深刻，企业就和人一样，走着走着就可能会走偏，忘了原来的初心。金蝶在 2003 年就提出了"产品领先、伙伴至上"的战略主题，到 2012 年调整战略的时候又重新回到了"产品领先"这一初心。

徐少春： 对，重新回到产品领先战略，这是根本。换句话说，如果往服务公司转型，产品就不重要了，服务变成了最重要的，那产品是不是金蝶生产的也不重要了，事实上这就违背了原来的出发点。幸运的是，我们在错误的道路上走得还不太远，就迅速调整了战略方向。

曹仰锋： 2012 年公司就开始明显加快了向云服务转型的步伐。这时候公司又会面临一个新挑战，ERP 是主营业务，云服务是新的业务，如何处理好这两大业务之间的资源配置问题？

徐少春： 2012 年战略开始转型，将"整合"转变为"聚焦"，过去的战略主题是转型、整合、高增长，我们将其改变成"转型、聚焦、高价值"，并提出要成为"云管理领航者"。当然，这个时候调整还不彻底，还保留着一些"ERP+咨询解决方案"的业务，但成长动力变成了"单产品 + 云服务能力"，加快推进以云之家为基础的社交化企业服务。砍掉了一些产品，聚焦核心产品。这次转型就是原来的业务不再扩张了，并开始做一些减法，新的业务成立了一个互联网事业部。

曹仰锋： 成立了一个单独的事业部来承载新业务？

徐少春： 对，最大的一个改变是成立了一个互联网事业部来经营互联网新业务，产品就是云之家。后来在 2013 年我们把友商网整合进了互联网事业部。针对 ERP 业务，我们从 2014 年开始调整，这次是动到了核心业务。

曹仰锋： 2014 年之前是一个过渡，没有动到 ERP 核心业务，等于给新业务提供了一个过渡期。

徐少春： 没错，2012—2013 年是过渡期。如果那个时候的认识再提升的话，胆子更大一些，我 2014 年做的调整就可以提前到 2012 年做。

曹仰锋： 组织结构上我清楚了，等于是新业务用新的结构做，而且对老业务有一个保留。同时在转型当中主营业务和新业务之间底层有关联。

徐少春： 关联就是互联网事业部搞的云之家，变成了老业务的手机端产品。云之家就是移动，让 ERP 插上了翅膀。这还没有动到核心产品。

曹仰锋： 是从何时开始变革 ERP 核心业务的？

徐少春： 2014 年砸服务器，2014 年 8 月 8 日成立了金蝶云事业部，就是星空，这时我们在战略上提出了"双核驱动"，即 ERP 和云管理。2015 年变革更加彻底，开始布局如何把

ERP 本身变成云产品。

曹仰锋： 从 2011 年到 2017 年，金蝶的成长轨迹是一条"U"形曲线，您认为有哪些重大措施让金蝶重新恢复增长？另外，这次金蝶历史上遭遇的第一次危机，给金蝶留下了什么宝贵的经验？

徐少春： 重大措施包括产品转型、商业模式转型、运营转型和文化转型，这些措施要相互协同起来。最宝贵的经验是让我再次体会到了人是战略最大的制约因素，所有的战略都是由人来执行的。这次危机给我的启发是，我们现在要推动向云转型，最重要的是要打造一支适合云转型的人才队伍，这是推动公司新一轮增长的根本动力，我觉得这是最重要的。

曹仰锋： 2019 年金蝶提出"平台 + 人财 + 生态"战略，后来略作调整，将其修改为"平台 + 人财税 + 生态"，这一战略的本质是平台生态战略，当时提出这一战略的背景是什么？

徐少春： 这是 2019 年提出来的，2018 年我们正式推出了"金蝶云·苍穹"，这是一个划时代的 PaaS 平台。当时，我观察到一个市场趋势，中国所有的企业都正面临一次数字平台的升级，由原来落后的平台、信息化时代留下的 IT 资产，变成一个基于云原生、云计算架构的平台。如何让中国企业能够由原来的平台升级到像苍穹这样的云原生 PaaS 平台，应该是我们的重大机遇，毫无疑问也是我们的战略。所以，平台要排在前面。人力资源、财务和税务又是我们的核心应用，特别是财务，像招商局集团这样的大型企业运行了多年。在人力资源领域，我们跟华为合作，为华为开发和提供了全球化的人力资源管理系统，包括税务。"人财税"是我们的核心应用，同时它们也是基于苍穹平台研发出的一种新的核心应用，毫无疑问，我们希望它能像我们的平台一样一起推动中国企业数字化转型。"平台＋人财税"是核心战略。当然，每个企业都需要一个更完整的数字化解决方案，我们没有的产品怎么办呢？就通过生态伙伴，所以，我提出了"平台＋人财税＋生态"战略。

曹仰锋：　这个战略的确非常具有前瞻性，但是在实施过程中挑战比较大，比如说怎么划定和生态伙伴应用之间的边界。基于平台战略，金蝶在所构建的商业生态系统中就变成了一个基石企业，既能提供产品又能提供平台能力，很多生态伙伴和金蝶一起为用户提供完整的数字化解决方案。对金蝶而言，实施平台生态战略最大的挑战是什么？

徐少春：　我们在实施战略时面临的比较大的挑战就是怎么跟合作伙伴一起形成一个整体解决方案，由于我们不断让平台越来越开放，平台能力也越来越强大，苍穹平台对伙伴是有吸引力的，人力资源、财务、税务是我们的核心应用，这三样产品基本是由金蝶来提供，其他的产品，伙伴有的，我们就用伙伴的。金蝶在这个过程中遇到的比较大的挑战就是发展各行各业的 ISV（独立软件开发商）这样的合作伙伴，为了应对这一挑战，在过去三四年中，我们形成了一个非常强大的平台推广和赋能团队，一直大力发展 ISV 合作伙伴，到目前为止，我们有超过 1000 家 ISV 合作伙伴。

曹仰锋： 执行平台生态战略的时候，有两个策略特别重要，第一个是如何吸引伙伴，二是如何加强平台本身的能力。生态伙伴是不是愿意来，主要是看自己能不能赚到钱。在实施平台生态战略的过程中，如果平台企业能够联合伙伴共同把蛋糕做大，分蛋糕就相对容易，如果蛋糕做不大，生态伙伴也不愿意来。

徐少春： 对，在这个过程中，我们不断调整政策。一方面苍穹平台越来越开放，我们提供了免费的社区版，也调低了平台分成费，目的就是把蛋糕做大，与生态伙伴共赢。

曹仰锋： 由于信息的不对称以及未来发展的不确定性，您在进行重大战略决策时，是否也会感受到"战战兢兢、如履薄冰"？您在战略决策时有哪些原则或者秘诀？

徐少春： 这是一个非常好的问题！在做一些重大决策的时候，首先，我一般会听听客户的声音，看看客户对金蝶的战略执行有什么反馈。其次，我会请战略部收集第三方的行业洞察、资讯，看行业演变的情况。最后，如果是非常重大的决策，影响到金蝶长远未来的，一般情况下在经过长时间的思考，有了一些眉目之后，我会找一个非常安静的地方自己待着，静静地聆听自己的内心，有时半天，有时一天，在进行重大决策时这个时间会更长一些，静思的过程常常让我更加坚信自己做出的选择。

曹仰锋：　稻盛和夫先生说他在做重大决策的时候，会经常问自己一
　　　　　个问题："作为人，何谓正确？"他经常用这个标准来判断
　　　　　自己的决策。

徐少春：　这其实就是问自己的良知，聆听自己内心无声的呼唤。

曹仰锋：　我认为金蝶正在两个方面同时进行变革，一是商业模式从
　　　　　原来的 ERP 软件企业转型为 SaaS 云服务企业，即产品云
　　　　　化。二是从中小型企业市场到大型甚至超大型市场转型，
　　　　　即品牌高端化。这两年国产化替代的机遇比较好，金蝶把
　　　　　华为、云南中烟、海信等项目签下来，而且交付得不错。
　　　　　从您的角度来看，金蝶同时应对这两条主线的变革，有哪
　　　　　些挑战？

徐少春：　是的，一方面金蝶还在继续进行商业模式的转型，由一个
　　　　　传统的软件公司向 SaaS 公司转型，截至 2022 年，我们云
　　　　　产品的收入占比已经达到 76.3%，订阅收入占 40%，但还
　　　　　在继续转型。我们还面临很多挑战和困难，但相对来讲，
　　　　　从 2012 年到现在已经 10 余年了，商业模式的转型对我们
　　　　　来讲是一个问题，但不是大问题。与此同时，金蝶由中低
　　　　　端市场向高端市场转型，或者说进攻，特别是向超大型企
　　　　　业市场进攻，这个挑战就比较大，好在我们有苍穹平台这
　　　　　样高端的平台型产品做支撑。我们在高端市场上怎么建立
　　　　　生态？虽然我们有了产品，但建立生态其实是另外一种商
　　　　　业模式。往 SaaS 方向转型是一个商业模式，构建一个高
　　　　　端的生态体系是一种新的商业模式，也就是说，金蝶给超

大型企业提供产品，但交付是由我们的生态伙伴来提供。这个模式的形成需要时间，需要有耐心。我们相信只要坚定信心，只要有这份心，只要愿意分享，只要愿意开放，只要不断提高产品的品质，这个模式一定会形成。现在国际上几大咨询公司，比如 KPMG、PWC、德勤、安永，都愿意做我们的合作伙伴，国内一些大的做外包出身的公司，像软通动力、中软国际，也都愿意成为我们的合作伙伴。经过两三年的努力，我们取得了一定的进展，但未来的路还很长，我们要有耐心把这个生态系统构建起来，持之以恒地构建这样一个繁荣的商业生态系统。

曹仰锋： 刚才您提到，国际上几家大的咨询公司已经加入金蝶的生态系统中，这在过去是难以想象的，因为它们都是和其他大型国际软件企业同属一个生态系统，现在这些大型咨询公司开始与金蝶合作，的确是看到了金蝶的平台能力、产品能力以及金蝶签约大客户的能力。过去十几年，金蝶一直非常坚定地进行云转型，我记得您当时说过一句话，"软件是过去，云是金蝶的未来"。如果再往前展望一下，您认为，金蝶大概还需要多少年才能完全转型成为一家云服务企业，有没有一个标准？

徐少春： 金蝶现在已经成为一个中国领先的云服务公司了，我们的目标是要变成一个全球领先的云服务公司。

曹仰锋： 下一个十年，也就是到 2033 年金蝶四十周年时，您心目中的金蝶会是什么样？

徐少春：到 2030 年，我们的战略目标是希望能成为一个世界级的
企业 SaaS 级应用软件交易市场，这是我想象的未来十年
的目标。金蝶不仅成为一个世界级的 SaaS 公司，并且在
我们的交易市场里有很多生态伙伴可以提供丰富多彩的、
适用于各行各业的应用软件。

曹仰锋：成立 30 年以来，金蝶经历了两次大的战略转型，您在战
略上有哪些经验和教训可以分享给其他人？

徐少春：这么多年的创业，我个人的经验是在战略变革时要坚持一
些基本的原则，或者说哲学。金蝶的哲学概括起来就两句
话：以客户为中心，长期坚持专业主义；以奋斗者为本，
长期坚持明心净心。这也是我们这么多年来一直坚守的基
本原则。一个企业要成功，不能偏离方向，这个方向就是
一定要以客户为中心。在一个企业里，每一名员工对于以
客户为中心的认知是不同的，有的高，有的低，作为一把
手，要尽可能提高全体员工对以客户为中心的认知程度和
水平，这样我们就不会偏离方向。我觉得，客户的需求就
是我们的方向。"以奋斗者为本，长期坚持明心净心"，一
个公司、一支队伍，时间长了，就会有惰性，就会懈怠，
就会自乱阵脚，我倡导大家要自我反省，一个公司要有
自我反省的文化，我把它称为"净心"。始终不要忘了初
心，牢记当初出发的梦想，就是立大志。做一个对行业、
对社会有重大贡献的公司，也相信我们内心有巨大的潜力，
相信我们心中有无尽的宝藏，这就是"明心"。

第 3 章

组织变革：利用平台能力实现"自我驱动"

组织变革与竞争优势

在本章，我聚焦于研究组织变革对企业持续竞争优势的影响。在这里，我将组织变革包含的内容界定为结构、流程与机制的变革。随着企业规模的扩大，工作复杂性也越来越高，为了应对这种情况，企业往往需要增加结构、流程和机制，这些结构、流程和机制相互交织在一起，形成了独特的组织能力体系。这种组织能力是一家企业所独有的，竞争对手难以模仿，因此，组织能力成为企业竞争优势的重要来源。如果企业想要拥有持续的竞争优势，组织能力就需要不断演化。但是，我们也需要清醒地意识到，企业在变革中也会出现组织惰性，这种惰性会对变革产生严重的抵制。

基于对多家企业组织变革的研究，我发现变革成功的企业会围绕着两条主线进行变革，这两条主线实际上就是两个中心，第一个是"以客户为中心"，第二个是"以员工为中心"。围绕着以上两个中心，卓越的组织会在结构、流程和机制上不断进行变革，从而帮助企业在动态的环境中获得持续竞争优势。

　　结构决定了一家企业的部门设计、岗位设置、任务安排，它界定了每一个员工的职责和权限，明确了员工应该做什么（what）。就战略与结构之间的关系，美国管理学者艾尔弗雷德·D.钱德勒在《战略与结构》一书中进行了精彩论述，基于对美国杜邦、通用等几家大型公司战略与组织演变的研究，他提出了战略决定结构、结构追随战略的基本结论，这一结论对指导企业变革至今仍然具有非常重要的意义。战略与结构之间的关系就好比"头与身体"的关系，当头转向时，身体需要跟随一起转动，否则，就会非常难受，二者是相互影响的。在高度动态的环境中，企业要想获得持续增长，战略会不断调整，这就要求结构也需要动态适应环境和战略的变化。企业的经营战略决定着企业组织结构模式的设计与选择，反过来，企业经营战略的实施过程及效果又受到所采取的组织结构模式的制约。[15]

　　在数字经济时代，组织结构变革的方向是建立平台型组织，这种组织结构的特点是开放化、平台化。所谓开放化就是不断打破组织的边界，构建开放式组织，让组织外部的资源能够便捷地流入组织内部，利用生态联盟的方式为客户创造价值，体现了"以客户为中心"的变革原则；所谓平台化就是不断压缩组织层级，将组织结构演变成"大平台＋小团队"的形式，经营决策权下放给一线的小型业务团队，管理决策权集成到总部，并将共享的管理职能进行集成，形成平台能力，从而演化出包括敏捷前台、共享中台、强大后台的"三台"组织结构，体现了"以员工为中心"的变革原则。

　　流程决定了员工以什么方式采取行动，即如何（how）去做。为

了持续提高效率，降低运营成本，提升产品品质，企业需要不断地
进行流程再造，流程再造的终极目的是构建客户中心型组织。迈克
尔·哈默和詹姆斯·钱皮在他们合著的《企业再造》一书中，将企
业再造定义为"从根本上重新思考业务流程并加以重新设计，以实
现成本、质量、服务和速度等关键绩效指标的显著改善"。他们所
提出的流程再造包含的内容较广，把全面质量管理、精益生产等模
式全部囊括在自己的流程再造体系之中，其核心目的是推动组织从
职能型组织变革为流程型组织，从职能导向变革为产品导向和客户
导向。[16]

　　在数字经济时代，流程再造是每个企业都会面对的问题，随着
数字技术的广泛应用，传统的职能型组织越来越难以帮助企业获得
持续竞争优势，企业迫切需要治愈"大企业病"，打破职能导向下的
壁垒，利用流程再造来提高效率。另外，流程再造也体现了"以客
户为中心"的思想，由于客户需求逐步呈现多样化、个性化，对产
品和服务提出了更高的要求，这就需要企业通过流程再造不断提升
为客户创造价值的能力。比如，华为"以客户为中心"的理念就是
通过不断完善和再造流程化体系来实现的。在任正非看来，满足和
实现客户价值的必备要素不是组织，而是流程。

　　　我们会发现整个组织是以自我为中心的、是以管理为中心
　　的、是以控制为中心的，不是以客户为中心的。而客户在组织
　　之外茫然地提出各种需求，组织无法快速响应，无法正确执行。
　　这就必须让我们认真思考：我们一直在谈客户价值，但是什么

是实现客户价值的核心关键力量呢？什么是满足和实现客户价值的企业管理的核心要素呢？必备的要素不是"组织"，而是"流程"。我们定义的"流程"并不是简单的工作程序、工作连接、工作规范，而是满足和实现客户价值的活动连接。[17]

在华为，流程被定义成以客户需求为输入，以完成客户需求为结束的整个端到端的实现过程，这个端到端就是"从客户需求来，到客户需求去"。华为流程再造的目的是在整个组织中，让所有的员工协同在一起，以客户的需求为导向，以业务流程为逻辑，快速实现穿越整个公司并满足客户价值的过程。在实践中，华为建立客户中心型组织分为三步：第一步，通过业务流程的再造，重新建立以客户为中心的流程型组织；第二步，把所有的人员按照流程和适应的岗位重新配置；第三步，利用绩效管理体系来推动和实现各部门的融合。

机制决定了员工采取行动的动机，即为什么（why）去做。人的任何行为都是机制下的产物，好的机制能够驱动员工承担责任，为企业贡献自己的智慧，为客户创造价值；坏的机制让员工逃避付出，规避责任，创造性和斗志被压制。企业在进行组织变革时，需要将结构、流程和机制同步进行变革，三者要相互适应、相互促进。如果没有机制的变革，结构和流程就难以发挥作用。比如，华为在推动企业向客户中心型组织变革的过程中，坚持责任结果导向的考核机制，对干部管理实行任期制、目标责任制和问责制，这些机制在很大程度上保证了流程的执行。

　　机制的设计反映了一家企业的控制方式，控制方式包括硬控制与软赋能两种模式。硬控制主要是依赖层级制度、严格规定的岗位职责以及烦琐的规章制度来完成，而软赋能则会通过核心价值观以及比较简单的规则来实现赋能。一些领先的科技企业，比如网飞、谷歌、亚马逊等都采用软赋能的方式来防止团队和个人偏离轨道，这些企业在机制设计上比较注重激发员工内在的自我驱动力，目的是让员工能够从事有意义和有影响力的工作。尽管这些企业也会对员工进行绩效考核，包括个人绩效的考核或者产品、商业项目的考核，但这些考核都非常严谨而且由数据决定结果。例如，谷歌会为每一位员工制定个人战略目标，即 OKR（Objective and Key Results），分别代表的是目标和关键成果。每个人的"远大"目标都是可以被测量而数据化的。从企业高层管理者到每一位普通员工的 OKR 都会公示在内部网络上对所有人可见。每个季度会对员工的 OKR 结果进行评价，并讨论导致优秀或者糟糕的结果的决定因素有哪些。这种通过软控制与关键指标实现协调的企业就如同一艘自动行驶的巨轮，企业总体战略就是巨轮的"航行计划"，指引其前进方向，可测量的数据则是严格监督和修正错误的基础。[18]

　　从 1993 年到 2023 年，金蝶在战略变革的指引下，其组织变革也同步进行。在组织结构上从直线职能式这种典型的科层式结构不断向平台分权式结构演变，在流程上从以控制为中心的流程向以客户为中心的流程演变，在机制上从硬控制逐步向软控制演变。

结构演变：从科层制到平台制

在创业初期，金蝶实行的是典型的直线职能式组织结构，因为那个时候公司规模比较小，业务和产品结构也很简单，只有财务管理软件，客户以中小型企业为主。徐少春担任公司总经理，下面设置了财务、市场、人力资源等几个专业部门。

金蝶在组织上的第一次比较大的调整是在 2002 年，当时，金蝶的规模已经很大了，业务范围开始拓展，不仅有财务管理软件，也开始销售 ERP 软件，客户遍布全国，这时金蝶在组织结构上开始实施区域制，成立了区域市场分管机构。在这之前区域都是由总部直接管理，没有区域的概念。随着金蝶在各地开设的机构越来越多，成立区域管理机构的主要目标是希望资源更集中，能够更有效地支持刚设立的一些小机构，并且能够促进扩大经营、更好地管理各地的区域机构。

金蝶第二次大的组织调整发生在 2010 年。当年，金蝶提出了"新四年战略"，目标是"要成为全球企业管理软件及电子商务服务市场的领导者"。当时的战略重点是在 2010—2013 年实现从产品型公司向服务型公司的转型，战略主题是转型、整合和高增长，但是，当时的战略方向不是转型为一个真正的云服务企业，而是希望成为一个"ERP+ 咨询解决方案"的公司，这一战略的根本目的是推动管理咨询服务业务成为金蝶的核心业务之一。

为了配合这次战略转型，金蝶在组织结构上实行了事业部的形式，主要包括产品事业部和区域事业部。其中产品事业部包括大企业及行业事业部、中小企业事业部、服务及培训教育事业部、咨询事业部等；在区域上设置了南方区、华东区、北方区、西部区和亚太区等市场管理机构。其余的部门比如运营与信息部、财务部、质量管理部、人力资源部等则作为支持部门。

这次组织结构调整的重点方向有两个。第一，基于客户类型不同，设定了大型企业、中小型企业两个事业部，这是"以客户为中心"思想的体现。针对大型企业客户，金蝶的目的是提供更加专业的解决方案，所以，在大企业事业部中还设立了行业解决方案的部门。而对于中小型企业，金蝶的目的是提供相对标准化的产品，因为这类企业对软件的个性化需求相对较弱。

第二个调整方向是设立了咨询事业部，体现了金蝶在战略上向"解决方案型服务企业"转型的战略意图。由于以前在咨询解决方案方面储备的人才不足，金蝶从 IBM 等大型跨国公司招募了许多咨询顾问，咨询事业部的顾问数量最高时达到 140 人，而当时顾问数量的目标是 400 人。在咨询业务范围上，咨询事业部不仅做财务咨询，也做战略咨询。

金蝶向服务转型的"新四年战略"主要学习对象是 IBM，金蝶的战略意图是建立本土咨询服务品牌，但是，这次转型让金蝶非常痛苦，因为中国本土的软件企业与 IBM 这样的跨国巨头企业在人才、品牌上竞争的起点完全不同，所处的生态环境也不同。在企业品牌未能形成市场影响力且组织能力有劣势的情况下，强势向咨询服务型企业转型导致战略在执行中"变了形"，组织结构的快速扩张以及人员规模的高速增长把金蝶的业绩拖向了下滑通道，从 2012 年开始，金蝶的营业收入开始下滑。徐少春意识到战略出现了问题，在组织规模上及时"踩了刹车"。从 2011 年 9 月到 2013 年上半年，金蝶开始进行业务调整和大规模组织结构优化，公司人数从 12000 人急剧缩减至 7000 人左右，这次组织调整给金蝶的员工带来了极大的动荡和不安，也让公司的经营不可避免地受到了冲击。2011 年，金蝶营收 20.22 亿元；到 2012 年，营收大幅回落至 17.65 亿元；2013 年进一步回落至 16.02 亿元；2014 年和 2015 年继续回落，直到 2016 年，金蝶的营业收入才重新回到正增长区间，2017 年，金蝶营业收入再次突破 20 亿元大关，达到 23.03 亿元。

金蝶在解决原来组织调整带来的问题的同时，也在探索新的组织模式。2014 年金蝶的战略发生了新的调整，提出向云服务企业转型。同年 5 月 4 日，徐少春化身"热血青年"，跳上公司接待前台砸掉了电脑，宣告一场"工作方式革命"，鼓励移动办公、社交办公、共享式办公和弹性办公，让更多人的工作"No Pen（无笔），No Paper（无纸），No PC（无电脑）"，引领一种社交化、移动化的工作方式。同年 8 月 8 日，徐少春化身为"海盗船长"，和客户一起抢起大锤砸掉了服务器，宣告成立"ERP 云服务事业部"，标志着金蝶"云转型战略"正式启动。

此时，金蝶在组织结构上仍然采用的是事业部制，这种结构将研发与产品线融合在一起，有助于提高研发快速响应一线需求的能力。一位在研发工作的员工在谈到这次组织转型时说道：

Robert（徐少春）在开始推动云转型战略的时候，强调的是事业部制，就是研发和产品线必须捆定。研发职能留在事业部里，就是为了研发快速响应我们的一线需求。所以，那两年我们的产品，像 EAS，甚至于我们的 WISE，其实在客户的口碑中都是很好用的，因为我们的快速响应能力比较强。

从 2014 年到 2018 年，金蝶对组织结构进行了多次调整，调整的主要目的是提高市场、销售、交付、研发之间的协同效率。随着金蝶的产品越来越多，既有面向中型和小微企业的软件产品，也有面向大型以及超大企业的软件产品；而且产品类型也从财务管理软件拓展到人力资源、智能制造等业务领域，产品的多样性以及客户的多元性导致任务的复杂性大大增加，这让金蝶内部各部门之间的协同难度也不断加大。在访谈中，金蝶副总裁吴建国认为这段时间的组织变革主要就是提高内部的协同效率：

> 组织调整频繁主要是解决人际的协调问题。从职能制转到业务部制又转到事业部制，其实主要解决的矛盾就是人际协调。在职能制的时候，销售和交付协调不好，经常有矛盾，结果就把两个部门统一由一个领导分管，就变成了业务部制，解决了销售与交付之间的矛盾。业务部将市场、售前、交付合到一起，又发现交付和研发出现了协调问题，最后就成立了事业部制。事业部制把市场、售前、销售、交付、服务、研发一体化，这看起来把协调问题解决了，可是又出现了一个新的问题，就是研发团队眼光不够长远，他们老是把精力放在短期的项目上，

我们认为产品研发必须要有长远的眼光，所以又开始进行变革。

从 2019 年开始，金蝶在战略上提出了"平台＋人财＋生态"战略，开始布局实施平台生态战略，构建金蝶商业生态系统。此时，金蝶在组织结构的调整上不仅需要解决协同效率的问题，还面临一系列新的问题。

第一个问题是新的组织结构需要匹配新的商业模式。对于金蝶来说，云订阅商业模式最大的改变是两个方面。一个改变是客户不是一次性买断软件了，而是要按年度支付订阅费，这就要求金蝶对客户的服务、对客户的需求认知必须非常贴近，而且要快速响应，否则客户可能第二年就不会续费了，因为客户的忍耐力是很低的。作为一家云服务企业，交付能力、服务能力、产品改进能力都需要快速提高，这对新的组织架构提出了很高的要求，组织变革的方向是要提高敏捷力和响应速度。另一个改变是对数据的应用。在售卖软件的传统模式下，客户的数据是收集不到的，端产品的模式下对客户的行为数据知之甚少，但是在公有云的模式下，客户使用产品的行为可以通过数据显示出来，通过对这些数据进行分析，可以快速改进产品的功能，也为与客户共创价值提供了可能。

第二个问题是如何利用组织结构的调整提升平台赋能能力。金蝶在战略中提出了构建金蝶商业生态系统的战略意图，这一战略意图的核心是利用生态联盟的力量共同为企业数字化转型提供全面解决方案。金蝶将自己的产品聚焦于数据平台及人财税三类应用，其他的软件应用产品交由生态伙伴来实施。这样的战略调整就需要同步变革组织结构，让组织结构平台化，利用平台能力既能支持金蝶自己分布在各地的区域市场机构，也要支持外部的生态伙伴。

为了解决以上这些问题，并能够让新的组织结构支撑云订阅模式战略的落地，金蝶于 2020 年又一次启动了组织架构调整，这次组织结构调整坚持的基本原则是"大金蝶，自驱动"。新的组织结构既要充分考虑对生态伙伴的赋能，又要考虑激活金蝶内部每个员工的内在动力。在研究了 SAP、Adobe、Salesforce 等多家科技型企业组织架构的案例后，金蝶决定采用"前—中—后"的"三台式"组织架构。

前台主要是指市场前台，它们是各地的区域市场机构（RBU）以及专业化公司，这些区域市场机构和专业化公司是利润中心，它们要扎根客户、贴近客户，围绕客户引导和挖掘需求，对部分产品实施销售、开发、交付、运维一体化管理，实现业务的小闭环。赋能中台包括业务中台、服务中台、运营中台、研发中台。业务中台根据大型市场、中型市场、小微市场进行设立，分别有三个业务事业部支撑前台市场机构。服务中台则集中服务资源，建立统一的客户成功服务标准、分发和考核机制。运营中台是面向业务的端到端数字化运营平台，通过建立金蝶自己的 KBC（金蝶内部的业务能力系统）平台，实现运营数据的可视可管。研发平台则提供统一开发代码和工具，为各产品提供共性创新技术资源支持。最后是服务后台，将人力资源、财务、法务等职能能力进行集成和共享，形成管理后台，这些部门聚焦业务支撑和监管。

在组织结构逐步从科层式转型为平台制的同时，金蝶还成立了一个新的部门：客户成功部。因为 SaaS 模式下客户更加容易流失，客户成功成为竞争关键。基于 SaaS 厂商视角，客户全生命周期价值 = 平均订阅收入 × 平均客户生命周期（即 1/ 客户流失率），因此，提高客户的留存率（降低客户流失率，提升客户平均生命周期）就至关重要，客户成功部门正是一个专门解决留存率问题的部门，因此成了竞争关键。金蝶对客户成功体系非常重视，并将合作伙伴也纳入整个体系中来，构建客户成功体系是确保公司云转型的一个重要的保障。2017 年，金蝶云 ERP 事业部独立成立了平台运营部，安排专人跟进客户的续费和续签；2018 年原平台运营部与金蝶云技术支持部门、金蝶云官网研发部门合并成为金蝶云服务社区，平台运营部正式更名为客户成功部；2019 年，金蝶将产品线各自服务的形式调整为统一整合到客户服务中心，让后台资源集中。[19]

金蝶在构建客户成功体系时面临不少挑战，主要的挑战是对客户成功的认知问题，不少人仍然把客户成功等同于以前的售后服务。SaaS 订阅模式的核心是客户持续使用产品，帮助客户企业成长，而客户成功是通过整合公司和伙伴的资源为公司创造价值的服务，在创造价值的过程中能够为客户提供卓越的体验。如果仅仅把客户成功部看成售后服务部门肯定是做不好的，所以，为了统一认识，金蝶客户成功部发起了一个"三大对齐"的变革，即思想对齐、业务对齐、行动对齐。金蝶客户成功部总经理吴跃海在访谈中表示：

　　对于云转型，我们最大的障碍就是思想上的对齐。我们每一次集团大会报告上都在讲，客户成功的本质和它的重要性。现在金蝶已经有相当大比重的营业收入来自老客户，如果还把"客户成功"当成一个服务部门去看待的话，那这块一定是做不好的，所以从上到下要在思想上做一个对齐。

构建客户成功体系面临的第二个问题是组织能力的问题，在刚刚建立客户成功团队的时候，团队成员的专业性不够，一方面是因为思想认识上没有统一，另一方面是客户成功的标准化体系化工作没做好。2020 年，公司客户成功部推出客户成功方法论、客户成功架构及客户成功云；2021 年，各分支机构设立客户成功部及客户成功经理，开始按客户成功方法论经营客户。在执行标准化体系方面，一个关键的岗位是客户成功经理。金蝶重新构建了客户经理的职位认证模型，将客户成功经理的具体职责确定为五个方面：第一个是续签续费；第二个是日常的健康度和风险的监控；第三个是客户的支持和资源协调；第四个是客户的需求管理和专业方案的制定，及时洞察客户的需求，挖掘一些新的商机，然后给客户提供新的方案；第五个是客户关系的维护，需要定期拜访客户的中高层。

从 2020 年到 2023 年，随着金蝶"前—中—后"三台式架构的不断深入实施以及客户成功体系的完善，企业的敏捷能力、协同能力、服务能力都有了很大的改善，客户满意度不断提升，有效提高了客户的续约率和客户续签率，支撑了金蝶平台生态战略的落实。

流程创新：提升客户全旅程体验

金蝶在组织变革中得到的一个经验教训是：提高内部协调效率不能只依赖组织，而是要依靠流程。2020 年之前，当内部出现协调问题时，金蝶首先想到的是调整组织结构，结果导致组织结构调整越来越频繁，人员在不同的部门和岗位上变来变去，常常无所适从，但这些结构上的调整并没有从根本上解决协同的问题。金蝶副总裁吴建国在访谈中谈到了金蝶在组织变革中的这一变化：

> Robert（徐少春）后来意识到，企业内部的协调问题不应该仅仅通过组织架构来解决，所以，他提出了一个新的组织变革逻辑：战略决定业务、业务决定流程、流程决定组织。当组织上出现了问题，先审视和盘点流程，如果流程合理，那再来审视人员是不是用错了，所以，目前在金蝶凡是组织上出现了问题，那我们就要先考虑流程，而不是直接调整组织。

基于以上认知，金蝶从 2021 年开始了大规模的流程再造，这一任务首先是从 IPD 变革开始的。IPD 是一套产品开发的模式、理念、流程与方法。金蝶推动 IPD 变革有四个很重要的目标。

第一，要从原有端产品的研发模式，转变为 SaaS 产品的研发模式。从传统的瀑布式开发模式，转变为以工程能力支撑的敏捷开发模式，这是金蝶产品战略的一个重要支撑点。

第二，产品研发要从成本模式转变为投资模式，研发实际上是一种投资行为，要推动研发团队面向商业成功，不要"闭门造车"。这就要求重新梳理研发团队的职能，以前的研发更看重的是产品的开发，现在新的流程要求研发不仅要重点关注产品的开发，还需要关注产品的运营和维护，客户对产品运营和维护的感知直接决定了客户是否愿意继续签约，是否愿意继续支付订阅费用。如果说传统的端产品注重的是产品的开发，订阅式产品注重的则是产品的运营和维护，这也与客户成功息息相关。

第三，利用 IPD 变革，把生态伙伴的产品开发也纳入整个产品开发的体系，根据金蝶"平台 + 人财税 + 生态"的战略部署，除了人财税这些金蝶擅长的软件应用产品之外，其他的产品将由生态伙伴来开发，这些伙伴开发的产品会被集成到金蝶为客户提供的整体解决方案之中。显然，伙伴产品的质量会直接影响解决方案的整体质量，但是，在这之前，伙伴产品的开发并没有纳入金蝶的产品开发体系之中，这就导致对伙伴产品的开发疏于监督，赋能能力也较弱。IPD 变革要求将伙伴的产品开发与金蝶的产品开发、交付和服务体系进行整合与协同。

第四，加强研发与营销的协同。通过 IPD 变革中设计的各种会议机制，加大研发与营销的协同力度，让研发团队能够及时了解客户的真需求，从而推动产品的快速更新和迭代，让产品不脱离客户的实际需求。

除了开展 IPD 变革之外，金蝶还开始建立客户全旅程体验流程，这也是对云订阅模式的一个重要支撑点。长期以来，软件行业中实行的都是买断模式，这种模式是一次性交易，在买完软件后客户实际上是处于弱势的一方，因为软件产品是否需要迭代，什么时候迭代，这些都要看软件企业的意愿，客户往往只能被动接受产品的功能。由于端产品一次性买断费用极其高昂，即便客户在使用中有所不满，大多也都会因为替换代价过高而选择"继续忍耐"。当软件销售变成 SaaS 订阅模式后，客户可以按年续费，甚至按月续费，采购成本大幅降低，导致客户黏性大幅下降，一旦产品和服务达不到客户的需求，客户能够以很低的成本随时替换为其他产品，因此，如何能够让客户在任何时候、任何阶段都对产品和服务满意，拥有愉悦的使用体验，就成为决定 SaaS 企业成败的关键所在。

但是，提升客户全旅程体验其实是一项非常具有挑战性的工程。许多企业的客户体验转型项目都中途夭折，原因就在于企业领导者没能积极彰显这些工作的长期价值，当企业采取种种措施来取悦客户时，却发现投入的成本与短期的回报不成正比，结果导致项目被迫提前终止。企业建立客户全旅程体验通常需要花费 2~4 年的时间，这一旅途之所以如此漫长，是因为企业需要在多个职能部门、地理区域和细分客户群体中开展工作，而这需要大量的时间。

根据麦肯锡的研究，企业要想从客户体验中挖掘增长机会，就需要制定完整的客户体验方案，这通常包括诊断、设计和实施三个阶段。在诊断阶段，企业要梳理客户关系，在全旅程上梳理客户的需求与痛点，并对全旅程上的各个触点进行逐一诊断，找出影响产品质量体验和服务体验的因素，并制定能够提升体验的关键指标。在设计阶段，需要改造客户旅程、收集反馈信息、设计体验看板、完善组织架构。在实施阶段，主要包括开发 IT 方案与落地变革管理。

在开发 IT 方案中，将 IT 解决方案拆分成功能明确的模块，并选择最合适的方式进行开发部署；在落地变革管理方面，通过系统的变革管理，确保向"以客户为中心"组织的转型得以贯彻并保持。[20]

2022 年，金蝶正式推出了系统化的端到端客户全旅程体验流程。按照与客户接触的不同阶段，将客户全旅程分为发现、评估、购买、实施、使用、增购续约等阶段，每个阶段包含不同的触点，针对每一个触点，金蝶都会分析影响客户体验的因素，应该采取哪些措施来提升客户在这个触点上的体验，明确了提升该触点客户体验的责任部门，并制定了相应的考核指标来监控体验的质量。

为了加快推动向客户中心型组织的转变，2018 年 10 月，徐少春设立了"徐少春个人号"，他本人可以利用这个微信公众号直达客户，他也要求金蝶的其他管理人员要高度重视与客户的关系，不要距离客户太远，要能够听到客户的心声。

> 企业经营者对成长的渴望，就是金蝶的奋斗目标……和客户的关系不再是一纸合同……直达客户，帮助客户成功，不仅要建立人与人的链接，更要建立心与心的链接，要听见客户无声的呼唤。

"徐少春个人号"的设立起到了倒逼金蝶内部流程变革的重要作用。以前客户在与金蝶合作过程中出现问题，都是和对应的客户经理沟通，客户经理由于权限问题，一般很难在公司内部获得足够的资源，大部分问题也没法反馈到高层，最终导致问题不了了之，或者不能很好地解决。但是，自从开设了"徐少春个人号"，客户就可以直接和董事长进行连接，问题直接到达高层，自上而下地解决，而且解决起来不仅是就事论事，还会提炼出问题的共性，进而梳理和优化公司的流程，达到举一反三的作用。"徐少春个人号"最初主要推动的是金蝶服务体系的变革，后来影响越来越大，开始倒逼研发体系、营销体系、交付体系乃至整个公司的变革。

以金蝶的研发体系为例，以前对接的都是内部部门，并不直接面对客户，但是当客户在"徐少春"个人号上反馈的问题是产品问题而非客服问题时，研发体系也必须要进行变革，转变到真正以客户为中心上来。徐少春认为"徐少春个人号"不是一个"代号"，而是与客户连接的一个平台。

客户给了我们无穷的新点子和好想法，我们从中也得到了很多启发，对产品、解决方案，我们越来越有信心可以做得更好。通过"徐少春个人号"跟我沟通、互动，与你对话的头像都是我的头像，每个运营者、领导者答复客户的问题都是以我的人格进行担保，我深信只要这样坚持走下去，金蝶就不是一个孤立的金蝶，而是跟 680 万企业客户紧紧地链接在一起。

现在，"徐少春个人号"通过优化流程，让客户反馈直达研发团队，持续推动产品改进。徐少春也已经养成了一个习惯，每天早晨 6 点半起床以后，第一件事是看"个人号"；晚上睡觉前，最后看的也是"个人号"，有时他一天花在上面的时间会长达几个小时。

机制演变：从硬控制到软赋能

在组织变革中，人是变革的主体。如何在变革的过程中通过不断完善机制，激发每个个体的主观能动性和最大潜力，为公司创造最大价值，成为金蝶组织变革的核心议题。

在 2011 年之前，金蝶和大多数企业一样，采取的是硬控制的模式，这种模式主要是依赖层级制度、严格规定的岗位职责以及烦琐的规章制度来完成。从 2011 年之后，随着徐少春开始在公司内部引入"王道"思想，以及 2016 年之后引入的"致良知"文化，金蝶开始探索软赋能模式，这种模式通过核心价值观以及比较简单的规则来实现赋能。

硬控制模式比较适合科层制的组织，在这种组织模式中，企业内部等级森严，分工明确，流程稳固且不易改变。每个人在企业中处于怎样的位置，对应的薪酬是多少，应该完成多少工作量，这些基本是固定不变的。当企业发展由小到大、由弱到强后，员工的收入会逐步提升。为了激发员工的工作积极性，企业注重强调用更大的力度、更丰富的形式制定员工激励政策，包括期权、股份、业绩提成、年终分红等，其目的就是希望能充分调动员工的主动性，使其发挥出自身的最大潜力，甚至是超预期的潜力，为企业持续创造价值；同时，在企业获得收益的过程中，员工自身也能更充分地享受企业成长带来的红利，让员工与企业共进退，形成利益共同体。

在企业的机制体系中，硬控制发挥着重要作用，它是机制的基石。

但是仅仅有硬控制是不行的，还需要有软赋能。硬控制构建的是利益共同体，软赋能构建的是命运共同体。软赋能可以激发员工内心的力量，让员工体悟到生命的意义。

多年来，徐少春在推动组织变革的过程中一直在积极探索软赋能机制，他将内心的力量称为"心力资源"，他认为一个企业最大的资源是心力资源，企业最大的浪费就是心力资源的浪费。

> 人力资源讲的是一种有形的资源，但是什么是人的本质？人的创造力、潜力来自哪里？其实来自他的内心，只有我们帮助员工开发内心的宝藏，激发他内心的活力，我们才能够极大地释放他的创造力和战斗力。其实人力资源的本质是心力资源，只有开发了心力资源，人力资源价值才会呈现出来。所以，与其说人力资源不如说心力资源。抓住这颗心，帮助员工提高信心，提升心灵品质，开发心灵宝藏，让他明白"一分耕耘一分收获，十分耕耘十分收获"。也就是说，当我们每一个员工都明白了生命的意义是什么，释放出来的潜力和战斗力会更大。

软赋能需要核心价值观的引领，金蝶招聘人才时有一个基本原则：哲学第一，能力第二。金蝶在招募员工时首先考察的是候选人能否契合金蝶的文化，在人员选拔、提升时也会首先考虑这个人的价值观，将能力放在第二位。徐少春认为，企业与员工并非单纯的雇佣与被雇佣关系，而应该是互相成就。员工创造价值成就金蝶的发展，金蝶的壮大反过来成就员工。

金蝶对个体内心的激励也体现在组织上，例如在对各区域的管理上集团充分放权，各地区机构总经理对业绩直接负责，激发机构负责人和团队的责任感，给予他们更大的施展空间，提升自我成就感；同时，在集团部门内部，给予年轻员工更多机会，让他们担任重大项目的负责人，并有资深"导师"给予年轻员工最大帮助，让员工高速、高质量成长。而在物质激励层面，金蝶也采取多维度、全方位激励的形式，包括股票、项目提成、奖金等，让员工充分感受到发挥自身潜能所获得的回报。

在考核机制上，为了更准确地衡量员工产出的价值，就需要一套合理且精准的绩效考核评估机制。多年以来，金蝶一直使用 PBC（personal business commitment，个人绩效承诺）这一绩效管理工具对员工的业绩进行评价。PBC 是 IBM 创立的，华为于 1998 年引进采用，2009 年根据业务的发展规模及人力资源专家的建议，华为对 PBC 进行了管理优化和改革，调整为三个部分：业务目标、组织与人员管理、个人发展计划。金蝶采用的是华为优化过的这套 PBC 工具。

在徐少春看来，PBC 是实现硬控制的重要工具，它能够衡量员工的绩效情况，并将绩效结果与奖金紧密挂钩，可以提升公司的绩效文化。但是，这套工具也有它的问题，员工在设定目标的时候，经常会跟公司讨价还价，上下级之间需要很长时间的博弈和沟通。

从 2021 年开始，金蝶引进了 OKR 体系，与 PBC 同时实行。OKR 是一套明确和跟踪目标及其完成情况的管理工具和方法，其主要目标是明确公司和团队的目标以及明确每个目标达成的可衡量的关键结果。严格意义上来说，OKR 是目标管理方法，而不仅仅是绩效管理方法。和目标管理方法相比，后者更注重绩效结果考核，更关心考核结果与薪酬的结合。而 OKR 则有很大的不同，它有助于确保公司上下一起聚焦于解决重要的难题。徐少春意识到，组织变革的最大难题就是集中所有人的力量，为了共同的目标而共同奋斗，这也是金蝶引进 OKR 的重要原因，他希望通过 OKR 系统的实施能够激发每个管理者内心的力量，利用团队的力量，聚焦于挑战性的目标，在战略上实现引领。

从谷歌、亚马逊等公司实施 OKR 的经验来看，OKR 的确有助于将团队目标和个人目标紧密连接在一起。组建高绩效团队是企业走向卓越的必然，然而，在制定团队目标时，常常会面临一个难题：是个人目标优先，还是团队目标优先？因为，如果过于注重个人的目标和贡献，则可能会影响团队达成共同目标；如果只注重团队目标，则可能让个人"搭便车"，影响团队成员的整体积极性。OKR 目标管理方法强调的正是团队成员之间的合作和参与，通过建立透明的目标管理体系，个人将自己的目标与团队、公司的总目标联系起来，明确交叉和相互依赖的部分，并与其他团队进行协调。通过将每个员工与团队、企业目标的连接，让员工体悟到自身工作给企业整体目标带来的贡献，提升工作意义，激发员工的创新力和参与激情。

另外，OKR 更加注重长期目标，这也符合金蝶的核心价值观。许多企业在实施目标管理时过于强调短期目标，常常把每月的考核结果和薪酬关联起来，以此来调动员工的工作积极性。我们不能完全否定短期考核的效果，但是，如果企业在目标管理时过度强调短期目标达成结果，就会影响员工长期的目标导向，让员工们变得非常短视。OKR 比较注重长期目标的实现，鼓励员工在制定目标时尽量向前看，唯有着眼于未来，才能聚焦工作重点，不至于"只见树木，不见森林"。但 OKR 并不是不关注短期结果，而是很好地融合了长期目标与短期目标之间的关系。为了鼓励员工致力于长期目标的达成，OKR 不提倡将关键结果达成情况与薪酬结合，不鼓励将关键结果与奖金挂钩，这样能让员工把注意力放在公司或团队的整体目标上，而不是急功近利，只考虑个人利益，只考虑短期结果。[21]

　　总之，从 1993 年到 2023 年，金蝶在组织变革的道路上一直没有停止过，随着战略的不断演变，组织也不断进化，二者相互促进、相互影响。不管组织结构、流程和机制如何设计，其目的就是实现两个价值最大化，一是要为客户创造最大化的价值，二是要为员工创造最大化的价值。组织变革的终极目标就是让员工为客户创造价值的同时实现个人的自我价值。在多年的组织变革中，金蝶也遭遇过多次挑战甚至危机，正是在一次次的组织调整中逐步积累并形成了自己坚守的一些重要原则。

　　第一个原则是，组织的调整不是解决人与人之间的协调问题。当出现人际协调问题时，先要审视流程，如果流程没有问题，就要评估人是不是用错了。第二个原则是，前台组织一定要向市场要业绩。作为主战部门，前台的定位就是独立核算、自负盈亏，要确保持续的业绩高增长。第三个原则是，中台一定要向管理要效益。中台作为主建部门，不是监督部门，而是标准化能力的建设部门，承担了公司能力标准化的建设，要通过能力的标准化实现规模化的业绩推进和增长，实现向管理要效益。第四个原则是，公司的资源要向高贡献、高投入的业务倾斜。要坚决对那些持续不盈利、持续低投入、低绩效的组织进行收编甚至裁撤。第五个原则是，组织要能够独立度量。原则上不允许设立相同职责又不能够独立度量"独立贡献"的组织，只有能够度量的才能够管理。

深度对话：组织创新中的"变"与"不变"

曹仰锋： 战略与结构在变革过程中相互影响、相互制约。战略决定结构，结构影响战略。金蝶 30 年的发展历程经历了从财务管理软件到 ERP、从 ERP 到云服务两次大的转型，请您回顾一下在过去 30 年中，金蝶组织结构发生过哪些重大变化？

徐少春： 这 30 年可以分成三个阶段：财务管理软件阶段、ERP 阶段、云服务阶段。整体来讲，我们的组织架构适应了这三个阶段的变化。第一个阶段就是直线职能制，研发、市场、销售、服务直线职能制，那时候公司小，比较简单，我就是总经理，下面设立几个部门。第二个阶段是 ERP 阶段，有很多产品线，我们就开始实行事业部制，比如财务管理软件是一个事业部，ERP 是一个事业部。到了第三个阶段，云服务阶段，我们升级到平台职能制，因为金蝶仍然还是一个产品型公司，在客户的眼里，不管你有多少条产品线，都是一家公司。特别是云服务提供商，作为云服务提供商，在客户的眼里，你的云服务是一个集成的、整合的服务，所以我们开始尝试平台职能制的模式。

曹仰锋： 结构调整背后有岗位重新设置的问题，涉及权责的重新划归。每次调整组织结构，您考虑最多的问题是什么？有没有遇到一些挑战？如果有的话，这个挑战是什么？当时是怎么克服这些挑战的？

徐少春： 考虑最多的首先还是以客户为中心，任何组织的变化都是围绕为客户提供更好的服务，我们考量的第一要素是组织变化能不能为客户提供更好的服务。第二，我们要降本增效，因为任何一个组织运行一段时间以后，组织的惰性就会出现，就会出现效率降低等现象，所以我们每次组织架构调整，都希望能降本增效。第三，组织的调整要服从公司的战略，战略决定组织。过去的这三个阶段，财务管理软件阶段，产品比较单一，那时候就是直线职能制；ERP 阶段，产品线变长，产品变多，我们搞事业部制，一定程度提高了员工的积极性，但时间久了，部门与部门之间的合作就会出现问题，在客户的眼里，就感觉我们不像一家公司了。云服务阶段，云服务讲究无缝对接和行云流水，在客户眼里，我们是一个整体，所以我们升级到了平台职能制，但不是简单的回归到直线职能式，而是螺旋式的上升。

曹仰锋： 我发现金蝶在变革中有一条主线，就是不断接近客户，以客户为中心，不断缩短与客户的距离。而且我发现金蝶在机制上也做了一些调整，尤其是这两年，您本人在公司倡导引入一种新的绩效管理方法：OKR。我在调研中发现，金蝶过去很多年一直在用 IBM 的 PBC。谷歌、亚马逊、网飞等这些高科技公司都在使用 OKR，金蝶为什么要引进 OKR？您当时是怎么考虑要引进一种新的绩效管理机制的？它和金蝶的战略有什么关联吗？

徐少春： 引进 OKR 很大程度上是希望提升每一个干部和员工内心的驱动力，激发他们的潜力。过去我们搞了很多年 PBC，按平衡计分卡的维度考核，有财务指标、业务指标等，而且跟个人奖金挂钩。PBC 有一个缺点是大家会变得相对保守，因为 PBC 的结果会影响个人奖金，在设定目标时，上下级之间需要很长的博弈，花费了很多沟通时间。OKR 鼓励人们大胆设想，去设定一个具有挑战性的目标，按每个季度进行检查，如果检查下来有一些差距，那么他还可以做一些调整，总之，OKR 考核的结果不会影响员工个人的奖金，但是可以帮助他本人检查、评估过去的工作成效，是一个很好的自我管理工具。最好的管理就是自我管理，如果一个工具能让员工把自我管理好，那就是一个非常好的工具。

曹仰锋： 现在很多中国企业，尤其是科技公司，都在尝试用 OKR，但也有公司又回到了 KPI 的考核机制。金蝶已经使用 OKR 两年了，您认为 OKR 这种机制的好处是什么？除了强化自我管理能力之外，还有没有别的优点支撑金蝶的云转型？

徐少春：　我们是 PBC 和 OKR 同时运用，平衡应用，PBC 是考核员工的业绩等一些指标，对奖金有影响，OKR 很大程度上是员工自我设定具有挑战性的目标，更像一个自我管理的工具，我们是两者结合起来使用。OKR 是一个很好的战略管理工具，比如制定了年度战略和年度工作计划，就可以据此来设定 OKR 的目标，工作就可以和战略匹配起来，在季度评估的时候也可以帮助员工进行自我反思。

曹仰锋：　英特尔公司原 CEO 安迪·格鲁夫在推动使用 OKR 时提出，“少即是多”是 OKR 的核心思想，这意味着特别强调战略的聚焦。这两年我也发现您本人一直强调要给金蝶的战略划定一个边界，提出“平台 + 人财税 + 生态”。我认为这也是一个聚焦战略，和 OKR 的核心思想都是高度关联的，可以帮助管理者思考金蝶的聚焦点在什么地方。而且，利用 OKR 也可以更好地把工作聚焦于为客户创造价值上。金蝶在 2021 年启动了 IPD 项目，这个项目的目的是通过全流程为用户创造价值，提升用户的体验。当时金蝶引入 IPD 变革项目您是怎么考虑的？目前来看它有没有达到当初您对这个项目的期望？

徐少春：　IPD 是一个很好的产品集成管理体系，在华为有非常好的应用，我们也请华为的退休老师给我们讲过课。我觉得，第一，它是一套体系，是一套产品研发管理的比较完整的体系和方法论，按它去做，基本上会让企业的管理更加规范，更加有计划性，我觉得这是很有章法的，是一套很好的体系和方法论。第二，它能极大地协同研发和营销，原来研发和营销交流并不多，也没有机制，通过 IPD、PDT（产品开发团队）、IPMT（集成组合管理团队）、SPDT（超级产品开发团队），可以让研发和营销更好地协同，让中间的决策能够集中更多人的智慧，是一个体现了民主集中的决策机制。

曹仰锋： 让研发更加贴近市场，和客户的需求更匹配。

徐少春： 对。第三，让一切研发都以商业成功为目标，不是"闭门造车"，就像您刚才所说的，更加以客户为中心，以商业的成功为目标，提升产品的竞争力，把这个作为宗旨，对提升金蝶研发团队的客户意识、远见、决策力是很有帮助的。

曹仰锋： 刚才您提到金蝶组织变革的一个基本逻辑是以客户为中心，这 30 年来不断在尝试。我发现您还开通了"徐少春个人号"，在多次交流中，您也提到每天会花不少的时间来连接客户，"个人号"有很多是客户直接跟您本人的互动。当时您为什么考虑要做"徐少春个人号"，动因是什么？它是不是建立客户中心型组织的重要举措？

徐少春： 这是 2018 年设立的微信公众号，源头还是我通过学习阳明心学、致良知，感觉内心越来越清澈、越来越通透，也不断反思，到底我们有多爱客户，在多大程度上爱客户。通过反思我感觉自己对客户的亏欠还是挺多的，所以就写了一封给客户的信——"致您的一封家书"，一方面表示想跟客户真诚沟通，聆听他们的呼唤，另外也想分享我自己创业的感悟和我的心路历程，这就是我的个人号成立的背景和动机。这几年下来，"徐少春个人号"就像一个"天眼"，帮助我看到公司存在的各种各样的问题。我每天能收到客户的来信几百封，多的时候有上千封，虽然不能一一回复，但我肯定会看，重点的我会亲自回复。这样的好处是我可以清清楚楚地看到我们公司产品、研发各个部门存在的问题，亲自处理客户的问题和投诉，从而无形中也在员工心目中树立了一个榜样，员工在我的影响下也对客户更加用心，这其实是让全公司以客户为中心的文化有一个极大的改善，我们真的可以听到客户内心无声的呼唤，可以解决客户的真问题。

曹仰锋：我记得以前您提出过一个观点，金蝶要建立与客户"心与心的连接"，我相信"徐少春个人号"在某种程度上起到了这个作用。有没有哪个故事让您特别感动的，让您觉得确实和客户建立了心与心的连接？通过"个人号"，您的真诚之心，客户应该能感受到，因为您把大量的时间也花在和客户的互动上，有没有客户的反馈让您特别感动的？

徐少春：这种故事还是挺多的，我记得刚开通的那一年，上海有一个客户是一家中型企业的老板，提出了很多问题。我们很好地帮她解决了产品上存在的问题。后来我还邀请她面对面交流，从线上到线下，搞了一个"徐少春个人号"粉丝见面会。我也邀请她一起学习阳明心学、学习致良知，她很感动，后来又写了一封信给我。我感觉我们不仅是在帮客户解决问题，同时也促进了她的个人成长。

曹仰锋： 从变革主线来看，金蝶一直坚持以客户为中心，除了刚才我们讲的 IPD、"徐少春个人号"等，金蝶这几年还采取了哪些重要的措施推动企业向以客户为中心进行转变？

徐少春： 我们公司这几年做了很多以客户为中心的端到端流程的优化变革，其中也设立了很多的触点，在这些触点上，我们做了很多变革工作，同时我们还召集为每一个触点的变革举行学习会，希望能够帮助相关团队改善或者打开他们的思维，不断提升他们的格局境界，帮助他们更好地解决客户的问题。

曹仰锋： 在组织变革中，除了客户这条主线，另外一条主线是以员工为中心，以员工为中心的企业不断把组织平台化，把企业变成每个人都能够成长的创业平台。从金蝶组织变革的演变规律来看，您本人是不是也会考虑企业不断平台化，给员工更好的成长环境？现在金蝶在平台化建设方面做得怎么样？

徐少春： 平台这个概念很大，如果从生态角度来讲，我们这几年非常重视生态，我们开发了苍穹平台，发展了很多 ISV 合作伙伴，他们基于苍穹平台做一些开发。在一些咨询伙伴上我们也跟 KPMG、毕马威、安永等建立了联盟合作关系，生态的边界被打破了。而且金蝶专门成立了一个生态伙伴部，投入了大概几十人来做这个工作。

曹仰锋：　在平台化方面有两种结构，一种结构是像金蝶目前做的，把利润中心放在 RBU，各地的 RBU 都是利润中心，总部的职能逐步平台化，这是一种授权式的组织框架，它的好处是充分调动各 RBU 总经理的责任担当，这种结构有一个好处是，和客户的连接比较紧密。另外一种组织结构是弱化了 RBU 的功能，搞专业线，在总部成立一些专业事业部，提供行业解决方案，现在有些软件公司在做这件事。从您本人角度来讲，您觉得哪种结构将来比较适合金蝶的战略、金蝶的文化？

徐少春：　从大的方向来讲，金蝶还是一个产品型公司，咨询、交付这些工作应该交给合作伙伴，金蝶把产品做好，伙伴做交付、做咨询，双方合作一起为客户提供好的方案和服务。从金蝶自身来看，虽然我们是一个产品型公司，但是我们的组织在中小企业市场基本上还是沿用原来的 RBU 模式，这样可以为客户提供更便捷的服务。从大企业市场来看，未来我们还是要聚焦于一个个行业，为客户提供行业解决方案，让我们的团队能够更好地洞察客户，为客户提供行业解决方案和服务。

曹仰锋：　在整个大的组织体系当中，我发现有一些公司会设计一种新的结构，叫"二元组织"。面对一类特殊客户使用一个组织，面对另外一类特殊客户使用另外一个组织。也有的企业针对成熟业务使用一种组织，针对新业务使用另外一种组织。这样做的好处是可以利用不同的组织来处理不同的业务，因此这种组织被称为"二元组织"。金蝶针对不同的客户是不是也使用了这种"二元组织"模式？比如，针对中小型企业，由于产品更加标准化，以 RBU 为中心建立一套组织体系。针对大型和超大型市场，建立另外一套组织体系，这套组织体系更多是提供专业的行业解决方案，这就变成了"区域化 + 行业化"两种组织模式在企业中并存。

徐少春： 对，我觉得未来的方向应该可能是这样，您提到的这个"二元组织"对我很有启发，这种变革方向我觉得可能性很大。

曹仰锋： 从金蝶过去 30 年的发展来看，组织结构的调整大多是一种渐进式的变化创新，唯独一次比较大的调整是在 2011 至 2012 年期间，那时金蝶在转型当中有一些大的调整。从复盘角度来讲，有哪些经验值得借鉴，可以避免以后在组织调整中出现这么剧烈的变化？

徐少春： 2012 年那次调整主要是因为战略发生了变化，原来定的战略是金蝶要自己去搞咨询，要成为一个整体解决方案提供商，但后来我觉得这个方向不是金蝶的方向。金蝶作为一个产品公司，首先要把产品做好，而且产品要云化，变云的模式，像咨询、交付应该交给合作伙伴去做，打造一个行业的生态，而金蝶要进行云的转型，成为一个云化的公司，成为一个互联网公司，成为一个云计算公司，所以战略发生了很大改变，我们的组织也就发生了变化。2011
年、2012 年那次调整是金蝶战略的调整，一次转型的调
整，金蝶要变成一个互联网公司，一个云计算公司，而不
是一个像 IBM 那样的整体解决方案公司。

曹仰锋：　在 2011 年之前，不管是早期的 DOS 版财务软件、Windows
财务软件还是个性化 ERP，那时候金蝶的定位一直是产品
至上，是一个产品型公司，2011 年，尤其是在执行"新四
年战略"的时候，公司战略定位发生了一些变化，提出要
做整体解决方案，不仅要做产品，还要做咨询、服务，等
于把业务的边界扩大了。经过那次调整，某种程度上又是
一次回归，金蝶又重新回归到产品型公司，这次产品型是
更高层面的云产品公司，同时借助生态的力量把解决方案
做好，金蝶可以给客户提供解决方案，但不是所有的产品
都由金蝶来做，这也印证了一个基本结论：战略最大的制
约因素是能力。

徐少春：　对，我同意。金蝶成立的时候就是一个产品型公司，非常
聚焦，只不过现在产品变成了云产品，变成了一种服务，
但本质上我们还是一个产品型公司。如果往整体解决方案
方向走，学 IBM，那就未必是一个产品型公司了。你可以
卖竞争对手的产品，客户要什么，我就卖什么，那这个战
略就和原来的定位南辕北辙了，所以我们 2011 年到 2012
年的调整，实际上是一次真正的回归。

曹仰锋：　我发现很多企业在变革过程中业绩都会受到影响。我研究

乐高、星巴克变革案例的时候，发现这些企业在变革过程中业绩也经历过"U"形变化。星巴克 CEO 舒尔茨总结说，星巴克在 2008 年业绩下滑是因为公司背离了原来的初心，星巴克是第三空间的提出者，也致力于把星巴克咖啡厅打造成一个比较温馨的地方，让咖啡的味道更加醇香，但由于星巴克在 2008 年之前扩张的速度太快，导致产品质量下降，忘记了为客户提供高品质产品和服务的初心。乐高也有同样的经历。我发现企业在变革过程中走出危机采取的一个一致的策略是回归初心，重新找到为客户创造价值的方法。企业发展就和人的成长一样，走着走着就容易忘掉了初心。

徐少春：　是的。随着公司规模扩大，人员越来越多，创始人离客户越来越远，就容易以为自己的能力很足了，可以做很多东西，在办公室里想出的战略，很是自我满足，实际上一执行就会发现，偏离原来的初心很远。这种情况很多公司都出现过，金蝶在 2011 年、2012 年这段时间就是这样。

曹仰锋：　金蝶已经发展了 30 年，组织也经历过很多次变化，从您的角度来看，有哪些经验可以供其他企业参考？

徐少春：　我觉得第一个是要守住初心，无论走多远，都不能忘了出发的目的，这个初心就是为客户提供更好的产品和服务，而且是提供很极致的产品和服务，不能离客户太远，要守住初心。第二，少就是多，我们不要以为随着公司规模扩大，能力就都大得不得了了，其实聚焦是最关键的。

第三，作为领导者，自我的修行是很关键的，我曾经讲过一句话，创业的过程如同内心寻找光明的过程，作为领导者要不断自我修行，提升自己的境界格局。如果你自己不提升，就会成为企业发展的天花板。第四，得人才者得天下，人才很关键。

第 4 章

人才至上：积极开发"心力资源"

人才是战略的最大制约因素

在变革中，领导者还需要确保企业的人力资源同战略目标、组织结构保持一致性，这就要求企业在执行变革策略时要对人才的能力、结构和动机等进行评价，以确保企业拥有能够匹配变革目标的人才体系。人才是企业最重要的资产，是影响战略的最大制约因素，是竞争优势的源泉，这些话听起来似乎是老生常谈，但真要做到并不容易。现实中，许多企业领导者只是习惯于把这些话口头说说，并没有真正去践行它们。真正重视人才的领导者不会经常拿这些话到处招摇，对人才的尊重源自他们的内心，体现在他们的行动中。在《重新定义公司》一书中，曾经担任谷歌公司 CEO 的作者埃里克·施密特指出，再多的战略也无法替代人才。物色人才就像是刮胡子：如果你不每天下功夫，别人就会看出来。对于管理者而言，"工作中最重要的事情"就是招聘人才。[22]

和谷歌一样，许多卓越的企业都会在人才与战略之间保持动态平衡，在具体行动时，这些企业的领导者会秉持"先人后事"的基本原则。吉姆·柯林斯在《从优秀到卓越》一书中，论证了战略与人才的关系，他认为"人优先于战略"。他警示企业要常常反思是否真正在战略执行中实践了"首先选择正确的人上车，并坐在正确的座位上"这一原则。而且，柯林斯特别强调，这个原则不能简单理解成"合适的人，担任合适的职位"，也不仅仅是建立一个伟大的团队，或是寻找天才员工。这里的关键词是"首先"：首先保证正确的人上车，坐到正确的座位上；同时让错误的人下车，然后才决定车往哪里开。

> 领先的企业坚持"先人后事"。我们原以为，实现跨越的公司的领导人会从建立一套新构想、新策略入手。相反，我们发现，他们首先请进合适的人选，请出不合适的人选，并令合适的人选各就其位——然后再考虑下一步该怎么走。合适的人才是最重要的资产。[23]

柯林斯甚至还把"先人后事"的原则与美好生活关联起来，他指出无论我们取得多大的成就，如果绝大多数时间，我们都不能与自己热爱和尊重的人一起度过，生活就毫无快乐而言。若情况恰好相反，自己喜爱的人也在车上，并且永不背叛，那么不论汽车将开向何处，我们都能拥有美好的生活。组织变革是一个永无止境的过程，会历经各种艰险和困难，只有与合适的人在一起并肩作战，才能够形成强大的集体战斗力，才能够在多变的环境中赢得竞争优势。为了发挥人才对组织变革的积极推动作用，赢得变革的胜利，我认为企业在人才战略上需要有四个坚持。

第一，坚持动态的人才观。这里面包含两个层面的含义。一是，企业在不同的成长阶段需要不同的人才结构，企业不需要在任何时候都盲目追求最优的人才，合适的才是最好的，最优的未必是合适的。我就发现不少企业在引进人才时吃了大亏，花了大价钱引入行业顶尖人才，结果这些顶尖人才不能适应公司的管理模式，在离开时给企业带来了巨大的伤害。二是，人才的能力是会老化的。曾经合适的人才在经过了若干年后，就不一定是人才了，企业要建立动态的优化机制，否则，昨天的人才可能成为今天变革的阻碍。

　　第二，坚持开放的人才观。无论企业拥有多少人才，领导者总会发现人才是不够用的，是短缺的，而且，优秀的人才通常都在企业外部。因此，企业需要打开组织的边界，以"不为我所有，但为我所用"的胸怀和格局，采取双轨制的人才选用模式，既要大力培养自己的人才队伍，又需要整合外部的人才团队。这种双轨制人才选用模式，既可以提高人才的培养效率，又可以降低人才的使用成本。

　　第三，坚持培养人才的韧性思维与挑战精神。一个企业要具备适应性和韧性，其员工就必须首先具备适应性和韧性的品质。没有韧性的人才就不能有韧性的变革。我曾经对数十位顶级人才进行过深入的访谈和交流，这些人才常常把是否"有挑战性的事业"作为他们选择企业的第一位因素，他们追求在工作中的成就感和能力的发挥。这和一些学者对硅谷企业的研究结论基本上是一致的，在硅谷，要想留住创意精英，最好的办法就是避免让他们太过安逸，并不断用新的想法保持他们工作的趣味性，增加他们工作的挑战。

　　第四，坚持人才的价值贡献。人才是要进行管理的，否则难以产生价值贡献。像华为这样的企业，把对人才进行有效管理的能力视为企业的核心竞争力。硅谷的案例企业研究也发现，企业内部构建卓越和创造影响力的工作环境，才能吸引顶尖的人才。[24]网飞这家公司倡导培养自由与责任的文化，提高人才密度，让优秀的人才吸引优秀的人才。

> 在一个真正人才济济的公司，每个人都会努力工作。工作效率高的人，在整体人才密度高的环境中，也能得到更好的发展。我们的员工都在相互学习，团队也在高效运作。这既提升了个人的积极性和满意度，也使整个公司的工作效率更高。我们发现，周围全是优秀人才的环境，能够让你的工作上到一个新的台阶。最重要的是，与才华横溢的同事一起工作很令人振奋，容易受到鼓舞，同时能感受到很多的乐趣。[25]

金蝶在30年的变革历程中，徐少春一直坚持"人才至上"的基本理念，在企业不同的成长时期保持人才能力与战略目标的平衡，不断调整和优化公司的人才结构，在人才的培养上坚持自己培养与外部引进相结合，不断克服人才短缺给战略执行带来的挑战。同时，金蝶还探索出人才培养的"三高"模式，即培养人才的高绩效、高成长和高心性。

利用"双轨制"构建人才体系

在不同的战略变革阶段，金蝶的人才引进、培养和发展也不断演变和进化，以适应不同时期战略目标的要求。在创业早期，金蝶的人才培养主要靠"传、帮、带"；进入 ERP 时代后，公司则注重从外部引进人才，曾经从 IBM 等大型跨国公司引进了许多具有国际视野的专业化人才，但是，这些适应了大型跨国企业工作机制的人才来到金蝶之后，也有不少人表现出"水土不服"，并没有充分发挥出价值。后来，徐少春和他的管理团队意识到，单纯地引进人才是不可行的，于是金蝶探索将人才的内部培养和外部引进结合起来，逐步形成了一种人才培养的"双轨模式"，这一模式在金蝶内部被表述为："我们只欢迎认同金蝶哲学的有志青年与专家型精英。"其中，"有志青年"主要依靠自身的培养，"专家型精英"则主要依赖从外部引进。

在金蝶，"有志青年"的人才队伍中有一个特别的群体——"纯金人才"，即从高校毕业就加入金蝶的员工。"既其出冶，金亦自喜其挫折煅炼之有成矣。""纯金人才"这个名字寄托了金蝶对年轻人磨砺成才的期许。

金蝶对"纯金人才"的引进和培养已经有十余年的沉淀积累，金蝶认为"纯金人才"的引进是组织持续变革的保障，这些年轻人可以让组织更年轻，更有活力。由于"纯金人才"普遍具备新思维与超强学习能力，他们逐渐成为金蝶的创新主力人才队伍。

金蝶建立了一套流程化、规范化、系统化的甄选流程。随着云转型的加速，"纯金人才"的校园招聘体系化也更加云化。金蝶的人力资源团队通过社交化的渠道进行雇主品牌运营及宣传，吸引更多优秀校园人才关注金蝶；从 2020 年到 2022 年，新冠疫情严重的三年，金蝶的招聘形式上已从纯线下进校招聘，快速转变为线上运营交付，为应聘者提供专业的面试体验。针对每一位应届毕业生，金蝶会通过简历筛选、笔试、业务初试、测评、HR复试、业务终试等多环节、多维度进行全面把关，对应聘者学习能力、专业知识、实践能力、综合素质等方面进行多维度评估。坚韧性、问题解决和适应性，是金蝶非常关注的能力，面试官会在面试交流过程中识别人才的这些特征。金蝶认为选拔比培养更重要，所以，从人才引进开始就关注人才要具备应对复杂环境的韧性潜质。

金蝶为"纯金人才"建立了完善的培养机制，通常，"纯金人才"加入金蝶后要接受为期半年的学习和成长项目培养。

"纯金人才"入职的第一站就是为期一周的训练营，徐少春每年都会出现在"纯金人才训练营"中，亲自为学员们授课，用金蝶文化的力量感染和激励年轻人。他也会和"纯金人才"们偶尔打打篮球，或者在划船机上比赛一场，身体力行地展示金蝶的运动文化。训练营还会邀请众多的优秀金蝶人——这里面不乏往届的优秀"纯金人才"——进行分享，促进这些新的"纯金人才"与往届的"纯金人才"建立链接，了解金蝶的产品和业务，坚定在金蝶成长的信念。

"纯金人才"融入金蝶很重要的机制是"导师制"，这个机制从金蝶成立之初就有了。发展至今日，金蝶对导师有严格的门槛要求，需要达到一定的职级，并要经过相关课程的培训。优秀的导师在日常工作和生活中，能给予"纯金人才"更直接的关注和关怀。导师和"纯金人才"在"纯金人才训练营"的毕业典礼上"结对子"，回到工作岗位后，导师会在金蝶专业工具的指导下，为"纯金人才"制订科学的试用期计划，每周跟进"纯金人才"的工作情况并提供针对性的辅导，引领"纯金人才"走稳职业之路。

半年后是"纯金人才"转正的节点，这是他们在金蝶扎根的第一个里程碑。人力资源团队在这半年内已通过座谈会、转正辅导等，密切关注"纯金人才"的状态。成功转正的"纯金人才"还会参加"回归，再出发"工作坊，经过半年的职场生涯历练，他们互相交流和表达自己的思考和困惑，互相学习、砥砺前行，最终度过彷徨期，形成自己的方法，向优秀的"金蝶人"靠拢。

严把人才质量关，通过导师制以及长期的追踪和培养，金蝶每年都会培养一批"纯金人才"，经过历练的"纯金人才"在金蝶的人才体系中会被持续重点关注，他们也会被优先配置到重要的岗位上。一位受访者在访谈中对这种人才培养体系非常认可：

在一个重要的项目上，我们在开始的时候很难抽调足够的顾问。在获得客户认可的前提下，我们在这个项目上安排了十多个"纯金人才"。他们来自金蝶各个部门，一起协作培养。"纯金人才"们在接受完"怎么见客户、怎么写方案"等软性技能和产品专业培训后，就投入大项目、大客户，由资深的项目经理带队深入培养。我记得每两周都会做一次思想动态的访谈，项目结束以后还给他们开了结业仪式。这些"纯金人才"经过大项目、大客户的历练，基本上都输送到各个机构当中。今天，他们中的不少人已经在一条独立的业务线当中能够胜任一个模块的组长职责，这种人才培养体系确实很好。

带领着这群金蝶有志青年攻克大型企业 HR 云项目的这位项目负责人，恰是金蝶人才体系中的另外一个重要群体：专家型精英。在加入金蝶前，他已在一家知名跨国公司工作多年。2020 年，他基于对软件行业趋势的判断，看到了国产化替代的大潮，便加入了金蝶。

"金蝶让我印象最深刻的就是很好的工程师文化，以产品为核心竞争力。"而在这样的平台上，自己参与的事业能得到高度的重视，这更是人才真正想要的。来金蝶的前几个月，他每天的主要工作是打电话，帮助金蝶招募外部的专家型精英。

金蝶虽然在 HR 领域不是一个新手，公司多年来一直向企业提供"S-HR"产品，但在 HR 云领域，尤其是超大型企业 HR 云领域，金蝶要补的"课"还不少。一位相熟的客户曾经对登门拜访的这位项目负责人打趣地说："我们以前用国外 HR 软件，就像是开进口车；如果和你们合作，就像是开国产车。"客户虽然是开玩笑，但也充分暴露了一个事实，大型企业对国内软件企业的 HR 产品并不放心。

通过从外部引进专家型精英，金蝶打造了一个强大的 HR 云业务团队。2022 年 5 月，金蝶正式对外发布了面向大型企业的 HR SaaS 产品：星瀚人力云。这一产品以华为作为原型客户，为大型企业提供 HR 数字化全面解决方案。

金蝶将自身定位成一家产品型公司，核心产品的研发自然是关键。为了及时掌握并拥有软件行业和专业领域的知识，金蝶建立了一支包含外部顾问、研究专家在内的外部专家团队，这些外部人才队伍既可来自各大高校、研究机构，甚至还有些专家来自客户。在产品体验层面，金蝶也高度关注客户、专家对产品创新的建议。如每年的"微创新"评选，产品团队都会邀请客户代表、外部专家作为评委，评价和共同选举年度创新成果。

金蝶还采取了另外一种方式来建立外部专家人才队伍，这种模式利用契约机制来撬动生态的力量为客户创造价值。在金蝶"平台＋人财税＋生态"战略的指引下，公司不断丰富和壮大生态伙伴的力量，积极发展生态合作伙伴，在云南中烟、一心堂等大型项目中，金蝶与生态合作伙伴的交付团队一起为客户创造价值。今天，金蝶已经意识到，在推动自身战略转型的过程中，生态伙伴已成为金蝶人才生态战略的重要组成部分，唯有借助咨询、产品、实施与开发、渠道、服务等多样化的生态人才力量，金蝶才能更好地为客户创造价值。

在变革的过程中，金蝶一直关注生态人才和生态伙伴的力量，尤其是随着苍穹平台能力的不断加强，生态人才战略得以更好地贯彻和执行。2018年8月8日，当苍穹平台正式发布的时候，就开始启动发展生态伙伴；2019年，金蝶发起了面向全球开发者的"追光者大赛"，引导开发者持续提能，并将成果投入实践；2020年，金蝶发布了苍穹生态应用市场；2022年，在生态合作伙伴大会上，金蝶宣布设立十亿元规模产业基金，并命名为"金蝶追光者数字产业基金"，全力以赴支持和赋能金蝶生态伙伴转型升级。截至2022年年末，苍穹平台应用市场里的生态伙伴数量累计近1000家，积累了数万人的生态人才力量。

除了不断优化人才结构，金蝶在推动变革的过程中也不断优化人才成长的机制。徐少春深刻地感受到，仅仅拥有人才是不够的，如果企业不能制定一套推动人才成长与发展的机制，不能成就人才，就会造成人才的浪费，延误战略的实施。

杨国安等人在《变革的基因》一书中提出人才加速成长有两个杠杆：一是找对人才，通过人才盘点，识别出高潜力人才，对这些人才进行重点投资；二是用对方法，结合多种针对性人才培养方法，提升学习效率。[26]

金蝶在推动人才成长与发展的过程中，非常关注"找对人"和"找对方法"这两个有助于人才加速成长的杠杆。结合金蝶自身多年变革的经验，徐少春提出了人才培养与发展的"三高"模式，即高绩效、高成长、高心性。其中，高绩效包括持续高绩效、高贡献、成功经历，高成长包括领导力、管理者特质、学习力，高心性包括价值观、使命感、坚韧性。

高绩效：核心人才的基本标准

学历不是判断人才的唯一标准，真正的人才需要有能力创造高绩效，所以，在徐少春看来，高绩效是核心人才最基本的门槛条件。对高绩效的评价主要通过任职者在所担任的岗位上否做出了高贡献来进行衡量，这其中包含关键的职业经历、过往的工作绩效、现在的职位职级等多个方面。人才是否能够创造高绩效，也可以反映其后续职业的潜力大小。随着领导者职业的发展，他们在创造高绩效的过程中会获得许多经验。尽管每位领导者的职业各不相同，每个领导层级都由该层级所代表的挑战和经验来界定。获得的这些核心经验、视野拓展经验以及关键挑战为其迈向新的、更富挑战的角色奠定了基础。

徐少春认为，真正考验组织的是绩效精神。组织要保持健康，第一项要求是执行高绩效的标准。尤其是作为管理者，承接具有挑战性的指标，表现出高绩效的水准，就是管理者的使命与担当，"否则你就不要担任干部"。同样，金蝶崇尚士气高昂，但并不等于一味追求个人之间的"关系融洽"和"哥们儿义气"。只有创造出高绩效的团队，才被认为是好团队。高绩效的团队，才有机会为每个人提供创造卓越绩效的充分空间。在徐少春的心目中，金蝶应当是这样一个舞台：在管理的不断改善中，进一步授权，让人才有足够的发挥空间，让干部"用人所长、避人所短"。

大多数公司不可能全部由天才组成，组织就是要让平凡的人能干出不平凡的事业。同时，要拒绝平庸，警惕那些从未犯过错，也从来没有过失，无论做什么都没有失败过的人。平庸的人只能做一些稳妥保险、无关紧要、产生不了绩效的琐碎之事。

金蝶通过不断优化薪酬机制来激发人才的斗志，推动核心人才持续产出高绩效。通常，薪酬有三种模式：计件酬、能力酬和职位酬。其中计件酬是基于任职者的直接产出来计算薪酬，这类制度比较适合生产、销售等岗位；能力酬是基于任职者的能力来计算薪酬，这类制度比较适合在高校、科研机构以及企业内部的研发岗位上工作的人员；职位酬是基于职位价值大小计算薪酬，这种模式是目前企业最为常见的薪酬制度。在金蝶，以上的薪酬制度先后都使用过，目前，金蝶薪酬制度的核心依然是职位薪酬。但是，金蝶也发现薪酬制度一个新的变革方向是实行"价值酬"，这种制度以任职者的价值贡献大小来进行分配。它和职位酬最大的不同在于，职位酬依据职位价值大小计算薪酬，价值酬以及任职者在职位的价值贡献来计算薪酬。相对职位酬而言，价值酬这一模式更能推动"价值创造—价值评价—价值分配"的良性循环，聚焦于任职者的价值贡献，创造高绩效、高价值的员工能够获得更高的报酬，从而激发组织的活力，牵引员工做出更大的绩效贡献。

如今，职位依然是人力资源管理的基本单位，如果员工不能明确在公司内部的职位，不能界定工作范围和任务标准，就难以创造高绩效。金蝶在薪酬制度上，融合了职位酬与价值酬，其薪酬制度的基本原则是"以岗定级，以级定薪，人岗匹配，易岗易薪"，目的是建立以高绩效和高贡献为导向的激励体系。为了实现对每一位人才的精准激励，金蝶常常开展对人才的盘点，盘点的依据主要是"三匹配"原则。第一，工作内容与职位名称是否匹配。很多公司经常会出现一种情况，即任职者的工作内容与职位名称不匹配，比如，有的人职位是产品经理，干的却是产品测试的工作，这就会导致工作内容与职位要求脱节，这种脱节不仅会影响对任职者的绩效评价，也难以对任职者实行精准激励。第二，贡献与职级是否匹配。金蝶对每个职级都明确了独特的贡献要求，经常会利用这些要求标准来评价任职者在职级上的贡献度，如果发现存在偏差，就会及时与任职者进行沟通，找出贡献不足的原因，制定改进方案。第三，薪酬与贡献是否匹配。这条体现了"高绩效、高薪酬"的核心原则，绩效和贡献应是确定人才收入的唯一标准。如果企业不能将绩效和贡献紧密结合起来，就会逐渐丧失绩效精神。

在企业的管理机制中，我一直认为最重要的就是两个机制：激励机制和约束机制，前者的重点在于奖励那些给公司创造高绩效、高贡献的核心人才，后者的重点在于不断淘汰和优化那些不能给公司创造高绩效的员工。两者要相辅相成，不能偏颇一方，否则，就无法真正地体现高绩效的精神。如果没有约束机制，就不能净化公司的人才队伍，业绩好的员工通常不愿意与那些低绩效的员工为伍，久而久之，业绩好的员工就会深感失望离开企业，出现"劣币驱逐良币"的现象。

对大多数的企业而言，利用优化和淘汰机制来净化人才队伍都有不小的挑战，挑战在于领导者要在采取优化措施时克服私人感情带来的障碍。通常，当人们在一起工作时间长了以后，都会产生职场上的友谊之情，这种友谊之情常常成为淘汰低绩效员工的障碍，尤其是面对与自己关系非常好的低绩效员工时，领导者总是会犹豫再三，难以下手。但是，为了维护企业的高绩效精神，领导者需要克服个人感情带来的障碍，将组织利益放在决策的首位，不能因为同情那些低绩效的员工而将组织拖入深渊。

金蝶在长期的人才机制变革过程中发现，组织中经常会出现这样的现象，仅仅因为某人在当前角色中表现良好就晋升到更高职位，但过往的绩效却不能保证其在下个角色中有出色表现——如果下个角色是职责更广泛的领导职位的话尤为明显。过往的绩效通常可以预测同一岗位未来的绩效，而非晋升到更高岗位的潜力，仅仅聚焦当前的绩效来选拔干部，最终可能将干部置身于一个不能继续创造高绩效的陷阱之中。

这就说明，高绩效和高潜力是两回事，当前的高绩效并不意味着未来的高潜力。绩效是当前直接可见的，但潜力却是对未来岗位绩效的预测。为了识别出谁更有潜力，谁在未来更有可能担任更高级别、更重要的角色，金蝶还注重对人才未来高成长的培养。

高成长：培养核心人才的"领导力与学习力"

高成长主要指的是关键的人格特质，是通过对高绩效管理者的人格特质进行分析而得出的一系列核心特征，主要包括领导力、管理者特质和学习力。金蝶在选拔后备干部时，会考察候选人在关键的人格特质上是否存在优势。其中，尤其重要的就是领导力。领导力是高绩效企业领导者表现出的一组关键领导行为，这些领导行为会激励企业员工朝着要去的方向前进。在"纯金人才训练营"中，徐少春经常向新入职的"纯金人才"们分享领导力，重点讲解管理者的使命与担当。在他看来，人人都是自己的CEO，人人都可以成就自我。

为了帮助人才的成长，金蝶在变革中不断完善领导力模型。早在2011年，金蝶就与IBM合作开发了干部的领导力模型，这套模型使用了将近10年时间，对推动金蝶的人才成长起到了重要作用。

2021 年，金蝶基于自身的战略变革，对领导力模型重新进行了修订。徐少春全程参与了这次修订工作，这次修订的创新之处在于将金蝶哲学与金蝶领导力模型进行了深度融合。

基于"以客户为中心，长期坚持专业主义；以奋斗者为本，长期坚持明心净心"的金蝶哲学，新的领导力模型包含八个维度，其中战略雄心、One Kingdee（一个金蝶）、One Family（一个家）、战略执行力这四个维度支撑"以奋斗者为本，长期坚持明心净心"的金蝶哲学；客户洞察、整合共赢、变革创新、系统构建这四个维度支撑"以客户为中心，长期坚持专业主义"的金蝶哲学。针对每一个领导力维度，金蝶都设置了负面行为以及四个层级的行为标准。我以战略雄心维度为例来展示金蝶领导力模型的具体内容。

在金蝶领导力模型中，战略雄心被定义为："渴望成功，直面困难、勇挑重担、赢得胜利"。在模型中，首先明示了战略雄心的负面行为：安于现状，不求有功，只求无过，止步于目前的成绩，没有更高的目标；遇到困难或挫折时，首先想到放弃，而不是勇于面对；在遇到挑战时，散布负面言论，影响士气。

显然，这些负面行为是公司所不倡导、不允许的。当然，仅仅描述出战略雄心的负面行为是不够的，领导力模型还为如何提升战略雄心提供了行为路径，将战略雄心的提升分为四个层级，包括：

坚持行动（层级 1）：面对困难，毫不畏惧，身先士卒，敢于尝试，坚持正确的行动，积小胜为大胜；

坚持信任（层级 2）：在困难面前，保持沉着冷静，传递信心，鼓舞团队，以至诚之心赢得多方信任，共同面对与克服困难；

坚持信念（层级3）：展现出一切为了胜利的态度，愿意挑战自我，接受更高的目标，相信心中有无尽的宝藏，相信行为作用与反作用；

赢得胜利（层级4）：坚持信念、坚持信任、坚持行动，组织多方攻克一道又一道难关，占领战略高地，取得最终胜利，获得持续成功。

像战略雄心一样，金蝶对客户洞察等其他七个领导力维度也进行了定义，提出了负面行为以及四个不同层级的领导力行为标准。从金蝶领导力模型可以看出，金蝶对人才领导力行为的提升采取了循序渐进的方式，四个不同的领导力行为等级本质上就是领导力的四个不同水平，呈现了被评价者不同的领导力水平。每年，金蝶对所有的干部和核心人才都会进行领导力评估，针对负面行为和领导力层级进行360度评价，检查被评价者在不同领导力维度上的行为表现，找出领导力的行为差距，并针对被评价者制定引导其提升领导力的行动方案。当然，领导力评价和绩效评价不同，前者更多的是基于定性的行为标准来评价，后者则可以通过定量指标来衡量。由于行为是可以被感知、被观察的，领导力模型从本质上来说就是描述出卓越领导者的行为标准，引导被评价者了解"什么是正确的领导行为"，这些行为标准是成为卓越领导者必须要遵守的。

金蝶认为，高成长的人才还应该具备"学习力"。学习力不仅仅是指从书本上学习的能力，它更是一种从每一次经历中获取经验、教训并成长的模式，是一个螺旋式成长的过程。在高度动荡的环境中成长，每个人都需要拥有卓越的学习能力，否则，仅仅依赖过去的经验就会导致今天的失败。尤其是对那些核心人才而言，每个人的能力都会过时，都会褪色，只有不断学习，不断积累新的知识，才能在快速变化的环境中积累竞争优势。2022 年 5 月，在金蝶云苍穹峰会上，徐少春分享了人力资源管理未来的九大趋势，其中就有一条：企业的核心竞争能力由过去的整合资源，向激活知识资本转变。

　　过去我们一个企业的核心竞争力很大程度上基于拥有多少有形资产，包括厂房、设备等。但是现在取决于企业积累的知识系统。这些知识是由什么人形成的？就是企业的核心人才。发现、培养和成就核心人才成为企业的核心竞争力。一个企业的核心竞争力不是你的员工有多少人，而是这些人中有多少核心人才。

金蝶在多年的变革过程中，曾经遭遇了业绩下滑的变革危机，徐少春发现，金蝶陷入变革危机并不是战略方向发生了错误，而是组织的核心竞争力跟不上战略变革的节奏，尤其是人才结构和人才能力是战略变革最大的制约因素。事实上，金蝶在战略变革中所遭遇的这些挑战和其他许多企业在快速变革过程中所遇到的挑战是相似的，这些企业在外部市场机遇的推动下启动了变革，制定了宏大的变革目标，但是，由于缺乏与战略变革相一致的人才能力，导致变革陷入困境，甚至最终让企业毁于由于人才匮乏而带来的"变革脆弱性"。基于多年对韧性变革的研究，我发现那些真正的高韧性企业，通常都会在人才方面做到未雨绸缪，提前布局人才结构，在知识资本不具备的情况下，他们较少采取激进的战略变革。

在变革中，鼓励不同岗位的人才相互学习是至关重要的，跨岗位的学习不仅可以增进不同部门任职者之间的彼此理解，获取经验，而且可以加强变革协同，更有利于推动战略措施的落地与实施。在金蝶，轮岗是增强变革协同的核心机制。金蝶专门制定了完善的《轮岗管理办法》，并鼓励在以下几大方向上进行轮岗：一是研发到一线轮岗。鼓励研发到营销、交付、服务一线轮岗，特别是到直面客户、有重大攻坚项目的地方轮岗，强化以客户为中心的产品思维，提升产品体验与竞争力。二是管理的中后台与一线轮岗。鼓励管理中后台的人才通过深入客户一线，积累应用场景和案例，培养作战意识和业务统筹牵引能力。前台通过到中后台轮岗，提升规划、赋能与运营能力，培养全局视野、专业化和系统性思维。三是到艰苦地区轮岗。鼓励跨区域/跨省的轮岗，这有利于塑造核心人才坚韧思维、迎难而上的品质，提升应对和管理复杂场景的能力，拓展视野和文化理解力。如从发达地区轮岗到偏远地区、从南方城市轮岗到北方城市等。四是跨职能轮岗，鼓励在不同的专业职位或专业部门之间轮换，拓展专业能力或业务的边界，如职能与业务轮岗、销售与交付轮岗等。

轮岗机制推动了人才的快速成长，下面，我用一位高级经理人在金蝶的成长故事来说明轮岗机制在培养人才方面的重要作用。2016年，这位受访者离开一家互联网公司，加入了金蝶分公司，成为一名销售人员，并在两年内快速成为一名经理人，先后在分公司担任直销经理、生态经理等管理岗位。鉴于他在担任的各个职位上都取得了优秀的成绩，他在 2021 年被任命为金蝶一家分公司联席总经理。在调研中，我详细了解了这位高级经理人在金蝶的成长经历。

在从销售人员晋级为经理人时，这位受访者的主管领导和他进行了一次深度谈话，主管发现他内心有强大的工作动力，非常乐于团结更多的人，也梦想做更大的事情，于是，将这个加入金蝶不到两年的年轻员工提拔为直销业务的经理人。在这位受访者担任直销经理的两年间，他带领的部门业绩蒸蒸日上，业务规模翻了一倍，还向其他部门输出了数位经理人。为了获得其他岗位的管理经验，他向公司申请了轮岗锻炼，从直销业务经理轮岗到生态业务经理。

在轮岗的生态经理岗位上，这位受访者遇到了前所未有的挑战，生态业务和直销业务有很大的不同，生态业务考核的压力也更大。"当时能否完成任务心里没有底，说实话当时也很痛苦，但是这些痛苦也没办法去解释，没办法去沟通。"他回忆道，"但是，那段时间的轮岗经历对我的成长帮助很大，与生态伙伴打交道的方式和与直销客户打交道的方式有很大的不同。"正是通过生态经理岗位的历练，他学习并积累了不少处理更加复杂工作的经验，这些经验成为他日后被任命为区域公司总经理的重要条件。在与金蝶副总裁吴建国交流轮岗制度的意义时，他认为：

> 一个人能否胜任工作，很多时候不是能力的问题，而是经验的问题，是他没有经历过这样的场景。轮岗到关键岗位，就是为了积累经验补充场景。经历过了，就容易对他人的工作感

同身受。感同身受是一种经历，也是一种智慧。

这一点这位受访者也感同身受：

轮岗会让你看问题的角度更丰富，会突破你的认知边界，打破你原来做事的习惯和方法。中国那么大，那么多省份，每个地方的情况、做事方法、人们的想法都差异巨大。曾经在一线城市的人，会觉得我这里就是"全世界"，我这里的方式就是最好的，其实不是。这给我带来很大改变，也让我发现曾经自己也是"井底之蛙"。

除轮岗外，金蝶还利用导师机制来推动人才的学习与发展。不仅从大学直接录取的新入职员工——"纯金人才"——拥有导师，任何一名新任的经理人也都有自己的导师。金蝶对导师的定位是"建设自己，成就他人"，导师通过辅导他人的工作，在成就他人的同时，也可以实现自身的成长和发展。

"每个职场人到一个新的环境，总希望有人能够拉你一把，给你一些指引。"谈到导师制时，Karen 这样分享。她于 2016 年加入金蝶研发人力资源部，因正值云产品高速发展和团队扩张，甫一入职 Karen 就需要和不少研发线的经理人沟通团队氛围建设、活动项目等工作，刚开始做这些工作她是不太适应的。"张殷姐很耐心、细心地教我注意各方面的事项，通过一个大的项目练下来，后面我对其他项目的细节把控、整体方向的把控就没有多大问题了，还是挺有成就感的。"Karen 发现她导师的工作风格是耐心、细致和具有全局观，这对她后来的职业发展产生了积极影响。现在，Karen 已经成为一名人力资源经理人，她认为导师的辅导极大地帮助自己提升了解决问题、整合资源的能力。

张殷认为对新员工和新经理人而言，直接上级、人力资源部门和导师承担着不同的角色。直接上级是新人的"管理第一责任人"，为绩效达成负责，所以会承担明确新人职责、绩效沟通、提能规划等工作。人力资源部门则更像"知心伙伴"，负责提供培养工具、应知应会包，组织新人沟通与关怀等工作，并持续优化相关体系。而导师则是更关注新人环境融入的良师益友，导师要帮助新人适应新的组织文化，了解工作流程、制度、工作方法，解答工作疑问，分享经验，同样也在工作之外为新员工提供力所能及的帮助。

这是一个建设自己的过程、也是一个成就他人的过程。在这个过程中，在张殷、Karen 和更多优秀导师的带动下，越来越多的金蝶研发人认识到"传、帮、带"的重要性，并从中获得成长。甚至有的研发导师会一反工程师不善沟通的常态，在新人入职前就主动和人力资源部门要求，希望和新人建立联系，为其提供可能的帮助。

"在你入职后第一个给予你指引的人，多年后无论你处在什么环境，遇到什么困难，你都会首先想到向他寻求帮助。"这是张殷和Karen 们对金蝶导师的理解，也是她们所希望成为的样子。

导师制体现了金蝶人之间的相互关爱、相互支持。我在访谈金蝶（中国）总裁章勇时，他强调金蝶人在长期工作中所结下的友谊与关爱是公司真正的核心竞争力。

和其他企业不同，我认为金蝶人是非常重感情的，人与人之间相互支持，相互关爱，从内心来说，就是把金蝶当成家。我们经常说一句话："金蝶在，家就在。"我对这句话有很深的感受，我已经在金蝶工作了二十多年，理解这句话的分量，这是大家对公司的信任。我认为这才是金蝶真正的核心竞争力。

帮助人才加速成长的另外一种方式是培训与学习。在金蝶，培训主要用于提升人才的专业能力，为此，金蝶基于职位体系构建了全方位的学习课程，针对不同的职位、不同的职级，都设置了相应的课程体系。比如，针对开发工程师这个职位，开发了初级、中级、高级三个职级应该具备的专业能力课程。为了提高学习培训的效果，金蝶开发了一系列具有自主沉浸式特征的课程，利用云学习平台，让每个员工都能够找到和学习自己感兴趣的内容，实现了在线学习"千人千面"，满足了不同职位任职者的个性化学习需求。

高心性：相信心中有无尽的宝藏

成就人才的第三个维度是"高心性"，它包括核心价值观与使命感两个内容。在金蝶，核心价值观是培养人才、选拔干部时的关键考察内容。"哲学第一，能力第二"是金蝶培养和选拔人才的基本原则。一位核心人才即便拥有非常强大的专业能力，但如果不认同金蝶哲学，也可能被优化和淘汰掉。"高心性"的第二个表现是使命感，即拥有宏大的志向。金蝶常常要求核心人才和管理干部要经常进行自我反思，反思自己是否有坚定的志向，是否有宏大的愿景。
在金蝶看来，只有那些能够"立大志、发大愿"的人才有强烈的使
命感，才有强有力的信仰，才能够不断提升自己的境界与格局，而
这些都是金蝶持续变革所不可或缺的动力和能量。

吉姆·柯林斯在《从优秀到卓越》一书中指出，卓越的企业都坚
持了"先人后事"的基本原则，在选拔人上下了大功夫，它们致力于
选择极具事业心的人才，这样的人才在内心深处埋藏了伟大的梦想。

> 如果企业有合适的雇员在车上，在他们力所能及的范围内，
> 他们会为创建一个伟大的公司而竭尽全力，不是因为这样做会有
> 什么好处，而是因为他们根本无法想象除此之外他们还能做什
> 么。他们的本能要求他们能够建功立业，成就一番事业。他们不
> 会因为报酬问题而向你折腰，就正如他们的呼吸不受你控制一
> 样。实现跨越的公司明白这样一个简单的道理，合适的雇员不会
> 计较报酬的多少，只要认定是对的，他们就会全力以赴。[27]

在一次交流中，徐少春和我谈起了他对加里·哈默《组织的未
来》一书的看法，他非常认同加里·哈默对员工工作能力层次结构
的划分。在这本书中，加里·哈默将员工工作能力分为六层，从低
到高依次是服从、勤勉、专业知识、主观能动性、创造力和勇气。
徐少春认为，一个人的"主观能动性、创造力和勇气"是来自内心
的重要力量，是一种"心力资源"。"一个企业最大的资源其实不
是人力资源，是心力资源"，这是徐少春这两年常常谈及的观点。

金蝶常常利用各种活动来激发员工们的斗志和信仰。2022 年的一天，我在金蝶总部参加了一场主题为"向大企业进军"的干部大会，会议播放了电影《至暗时刻》的片段，展示了 1940 年英国首相丘吉尔在下议院的著名演讲《我们将战斗到底》。影片放映结束后，徐少春告诫金蝶的管理者们：

> 当你遇到像敦刻尔克这样艰难的时刻，你会想到没有退路就是胜利之路。你要相信心中无尽的宝藏比困难大得多，当你怀抱必胜的信念，并带领团队不逃避、勇往直前，胜利的结果自然会来。我们一定要让打胜仗的思想变成一种信仰。

"打胜仗"是金蝶在向大企业市场进军时立下的一个"志向"，也是一个"信仰"。2018 年以来，金蝶在大型企业市场上先后签约了华为、云南中烟、海信集团等项目，每一个项目对金蝶来讲既是机会又是挑战，由于每一家大型企业客户都需要对其产品进行个性化的定制与开发，这对金蝶的交付能力构成了极大的考验。徐少春意识到，在大型企业市场上实现突破并站稳脚跟，对金蝶而言是一场"只能赢，不能输"的"战役"，也是金蝶从中国本土软件企业成长为世界一流软件企业必然要经历的磨难。面对巨大的挑战，如果管理干部有退却的思想则会导致全盘皆输，唯有坚持下去，以真诚、专业和自信向客户展示金蝶的专业能力才会赢得最终的胜利。

> 不能胜寸心，安能胜苍穹？当看到苍穹这个名字时，你想

想浩瀚的宇宙就在我们的心里，战胜自己心上的遮蔽和障碍，就能战胜一切……无论做什么工作，都要高绩效、高成长和高心性。有的人会问，那有没有高回报？你奉行了这三个"高"，那高回报就是必然的。

也许，徐少春之所以将金蝶面向大型企业市场的产品命名为"金蝶云·苍穹"，正是因为他心中饱含着对每一位金蝶奋斗者的勉励，他希望金蝶的每一位人才，每一位管理者都能将"高绩效、高成长和高心性"视为自己的成长目标。"人力资源管理的使命应该是成就天下人才。如果你心念成就他人、成就天下人才，那么天下的人才就会为你所用。"这就是金蝶在 30 年人才变革中给出的答案。

深度对话：得人心者得天下

曹仰锋：　在人才战略上，经常有两种观点，第一种观点是"先人后事"，先找到合适的人才再去做事情；第二种观点是"先事后人"，只有找到有前景的事情，才能吸引人才来加盟。这往往是一个悖论。从您的角度讲，您认为是战略优先还是人才优先？

徐少春：　我的观点是人才优先。人是一切工作的根本，有人就有了一切。我们要开拓一个新的业务，首先想到的是要找合适的人；没有合适的人，这个事、这个战略想得再美好也没有用，所以我倡导"先人后事"。

曹仰锋： 从金蝶过去 30 年的发展来看，战略上发生了几次大的转型，从财务管理软件、ERP 到云服务，背后对人才战略的要求也不一样。回顾这 30 年，金蝶人才战略在每个阶段都有不同的战略诉求吗？

徐少春： 财务管理软件阶段，基本上干部都是我们自己培养的，师傅带徒弟，大家一起成长。到了 ERP 阶段，业务变得复杂了，我们引进了很多高管、专业经理人、专家顾问等外部人才，支持了公司的转型和发展。到了云服务阶段，很大程度上是一种回归，转型要靠改变自己的思维模式，通过颠覆式创新来走一条新的发展道路。要培养每一个金蝶人，通过思维的改变，成为新型业务人才。整体来讲，这 30 年下来，我们公司高管基本上都是自己培养的，我们的专家很多是"纯金人才"——从高校毕业就进公司成长起来的。

曹仰锋： 您对人才的标准是什么？

徐少春： 我觉得人才就是德才兼备、以德为先。我是比较喜欢那种怪才、偏才的——在某个领域有独到的见解、独特的才能，有自己的独立思维，我比较欣赏这样的人才。

曹仰锋： "怪才"往往意味着他创新能力比较强，因为他经常会打破常规。"怪才"也有一个很大的问题，从传统的视角来看，"怪才"难管理。从您的角度，金蝶有没有机制、氛围、环境鼓励"怪才"的出现，让"怪才"好好发挥他们的创新能力？

徐少春： 金蝶是有这种氛围的。相对来讲，我们的管理还是崇尚自由的。比如，我们给研发员工放了"发呆假"，鼓励员工去做一些与主要工作无关的事情、鼓励员工有自己的时间思考。

曹仰锋： 金蝶的核心骨干，我发现有一个共同的特点，在金蝶工作时间都蛮长的，10 年以上的特别多，说明金蝶在人才激励方面一定有独到之处。而且在深圳这个地方，金蝶在高科技公司当中，人才流动率还算低的。金蝶在激励并留住关键人才上有哪些重要的措施？

徐少春： 在物质上，我们对核心人才、关键人才有股权激励，也提供有竞争力的薪酬。人才到了我们公司后，有用武之地，我们提供给人才施展梦想和才华的平台。公司发展比较快，组织的变化、业务的变化还很多，变化中孕育新的机会，这也是激励。文化也是非常重要的。我们公司的价值观是"致良知、走正道、行王道"，在金蝶这个平台上，我们彼此成长、相互砥砺，建立心的链接，这也很重要。

曹仰锋： 在数字经济时代，所有的企业未来都会变成"数字企业"。金蝶也由较重的 ERP 和解决方案，转到现在要做 SaaS 模式、产品云化。由于商业模式的变化，人才上也会面临挑战。您觉得金蝶目前在人才结构上面临哪些挑战？

徐少春： 一个挑战是怎么进一步激活老员工，激发他们内心更大的潜力。这就是我们为什么要学习传统文化。通过学习传统文化，进一步开发我们的心灵宝藏，激发心中的"大我"，这是非常重要的。另一个挑战是后备干部的梯队建设。我们经常要拓展新的业务、开设新的机构、调整一些岗位，有没有后备干部就很重要。所以金蝶成立了"立志班"，把一些"90后""00后"的员工放在立志班加以培养。

曹仰锋： 在一次会议中，您提出金蝶要培养"高绩效、高成长、高心性"的"三高"人才，当时为何提这"三高"？这三者有什么关系吗？为什么尤其强调高心性？一般的企业强调高绩效比较多，您是怎么想的？

徐少春： 既然员工加入了我们公司，成为我们这个组织的一员，我们就要帮助他人尽其才。要人尽其才，我们就要想方设法帮助员工提升心灵品质。人所有的创造力都来自内心，只有提升心灵品质，我们才能提升他的活力，提升他的创造力，提升他的绩效，帮助他成长。所以"高绩效、高成长、高心性"，严格来讲，有高心性就一定会有高成长，有高成长就一定会有高绩效。高绩效是结果，高心性是本质。

曹仰锋： 在一次演讲中，您提了一个概念"心力资源"。以前我们都讲人力资源，从人力资源到心力资源的提法，不仅是一个概念上的变化，背后也是对整个人力资源管理的新的思考。您为什么会提"心力资源"？是不是和"高心性"有关？

徐少春： 人力资源讲述的都是有形的资源，把人看成资源。但什么是人的本质？人的创造力、潜力来自哪里？来自内心。只有帮助员工激发内心活力，我们才能够最大释放他的创造力和战斗力。人力资源的本质是心力资源，只有开发了心力资源，人力资源的价值才会呈现出来。抓住这个"心"，帮助员工提高心性，提升心灵品质，开发心灵宝藏。让每个员工明白"一分耕耘一分收获，十分耕耘十分收获"，你想想释放出来的创造力和战斗力会有多大。

曹仰锋： 企业人才培养通常面临两方面的挑战：一方面是如何加快培养内部人才——这方面，金蝶有培养"纯金人才"的体系；另一方面要在不同的阶段引进外部人才，作为平衡和互补——金蝶也引进了不少大型跨国公司的人才。既要培养"纯金人才"，又要引进专业人才。在引进外部专业人才时，有哪些要特别注意的地方？

徐少春： 在引进外部专业人才时，我们有一句话"哲学第一、能力第二"。你能不能契合金蝶的文化，你的心灵品质如何，这是关键的，比能力还重要。一个人的专业能力固然重要，但是一个人内心的无尽宝藏更大；如果把那个宝藏激发出来，专业能力就是一个结果。所以"哲学第一、能力第二"不是不需要有本事的人，人人都有本事，关键是你能不能把心中的宝藏开发出来。

曹仰锋： 金蝶现在是拥有超一万名员工的大公司。过去 30 年，您认为金蝶在人才战略上有哪些经验可以供其他企业参考和借鉴？

徐少春： 过去我们有一句话"得人才者得天下"，现在我更愿意说

"得人心者得天下"。一万名员工，这固然是"人力资源"，每个人都有各方面的专业能力，组合起来可以创造很大的价值。但是每个人还有一种能力——我们平常可能没有注意——那就是内心的无尽宝藏。如果我们把心灵宝藏开发出来，一万个人，一万个灵魂，就像一万口井，里面有一万座宝藏，那可以开发多少心力资源！所以最重要的就是"得人心者得天下"。

第 5 章

技术创新：韧性增长的驱动力

二元创新：持续竞争优势的源泉

在《创新跃迁：打造决胜未来的高潜能组织》一书中，迈克尔·塔什曼和查尔斯·奥赖利三世指出，管理者和企业经常面临一个悖论：为了取得短期成功而必须采取的行动，往往会催生导致长期失败的条件。这一悖论揭示了企业在成长过程中需要面对的一个残酷现实：今日的成功有可能是明天失败的种子。这一现象背后的原因是，大多数的企业，尤其是持续成功的企业，常常会主动地趋于保持现状，从而产生一种动态保守主义，它会滋生变革惰性，这种惰性会妨碍企业的创新和适应新的环境，从而陷入"创新者的窘境"。[28]

那么，企业该如何破解这一悖论呢？要想破解这一悖论，企业就需要同时拥有两种创新能力：在当前成熟的市场中利用现有的科技创新能力提高产品的效率和质量，同时降低成本，以取得当前的竞争优势；在未来新兴的市场中利用新技术的创新能力开发新的产品以取得未来的竞争优势。前者的创新是渐进式创新，后者的创新是突破式创新，只有能够同时拥有两种创新或者二元创新能力的企业才能够获得持续的竞争优势，然而，这样的企业并不多见。

为什么企业难以同时拥有二元创新能力呢？这背后的原因极其复杂，结合我对企业创新机制的观察，我发现有至少有三种原因制约了企业塑造二元创新能力。

第一个原因是企业难以看清未来的新技术对现有业务带来的影响。新技术在刚刚出现的时候，对现有的业务模式通常都不会产生致命的影响，这时候技术对现有模式影响的信号是非常微弱的，但微弱的信号往往代表着战略机遇。对企业而言，在新技术信号非常微弱的时候是否进行投资，往往是两难的事情。如果不进行投资，害怕失去未来；如果进行投资，又担心投错了方向。对领导者进行决策而言，策略上的自由度和信号强度实际上是成反比的。新技术对商业模式的影响有"先慢后快""先弱后强"的特点，当每个人都清晰地看到新技术有何影响时，决策早已失去了先机，探索未来就没有了机会。[29]

第二个原因是资源配置的不均衡。企业通常会把资源配置在现有的核心业务上，因为现有的核心业务是公司利润的主要来源。企业一方面要在现有业务上加强创新以与竞争对手进行激烈竞争，另一方面又需要抓住核心业务快速成长的机会，快速扩张市场，这些都需要大量的资源配置。对于未来的业务探索，由于方向不明，成败未知，许多企业没有动力去为突破式创新配置资源。

第三个原因是企业领导者距离市场一线和客户太远，无法发挥"边缘者"带来的创新价值。在这里，我将边缘者定义为那些与客户和市场打交道的一线员工，这些员工通常是问题早期的发现者，他们能够感受到市场的新变化、客户的新需求，但是，由于企业层级较多，他们的声音无法触达企业的高层领导者，这就使得高层领导者往往听不到市场上真实的声音，导致他们更有意愿将资源和精力聚焦在现有的业务上，对业务未来的变化缺乏敏感的认知。

不管是对一个国家，还是一家企业，科技创新都是推动组织获得竞争优势和持续增长的源泉。正如任正非所言：

> 我们的经济总量这么大，这么大的一棵树，根不强是不行的，根扎不深，树是不稳的，万一刮台风呢？我们拧开水龙头就出水的短、平、快的经济发展模式是不可持续的……科教兴国、技术创新是符合客观规律的……没有创新是支撑不了我们这么大的经济总量持续发展的……科学发现、技术创新中最主要的宽容。[30]

显然，企业如果没有科技创新，没有二元创新的能力，就无法获得持续的增长，更无法获得高质量的发展。在本章，我将聚焦于金蝶的科技创新历程，分析它在创新过程中遇到的挑战，如何平衡渐进式创新和突破式创新，以及它在塑造二元创新能力背后有哪些支撑的机制。

三次技术创新跃迁

从 1993 年到 2023 年，金蝶在技术创新上经历了三次大的创新跃迁。第一次是从 DOS 版的财务管理软件跃迁到 Windows 版的财务管理软件，这次技术变革推动金蝶从一个区域性的财务管理软件公司成长为一个全国性的财务管理软件企业。第二次技术创新跃迁，是从 Windows 技术到 Java 技术，这次技术创新推动金蝶从财务管理软件企业成长为 ERP 软件企业。第三次技术创新跃迁是从 Java 技术到云原生技术，这次技术创新推动金蝶从 ERP 软件企业成长为 SaaS 云服务领导企业。金蝶创新的不是 DOS、Windows、Java、云原生等这些技术本身，而是利用这些最新技术不断优化公司的产品，并领先竞争对手探索新的产品，从而塑造了先发优势。图 5-1 展示了金蝶内部的科技创新与外部技术之间的互动关系，其实，每一次技术创新跃迁都面临不同的挑战。

让我们首先来回顾一下金蝶从 DOS 版财务管理软件跃迁到 Windows 版财务管理软件的创新故事。在 1994 年之前，Windows 操作系统在中国却并没有得到大规模的推广，原因很简单，除了当时国内软件环境的因素，一个很重要的原因就是微软一直都没有推出 Windows 操作平台的中文版本。而到了 1994 年，微软的第一个简体中文版本的 Windows 操作平台——Windows 3.2，也终于"千呼万唤始出来"了。没有了语言障碍，同时也降低了学习的门槛，这款软件开始慢慢流行起来。

徐少春很早就接触和研究 Windows 操作系统平台，他发现这款操作系统相较于复杂的 DOS 操作平台，界面更加美观，也更加实用。他敏锐地意识到，Windows 操作系统将可能会很快宣告 DOS 操作系统的终结。当时，徐少春就不断思索是否可以探索开发基于 Windows

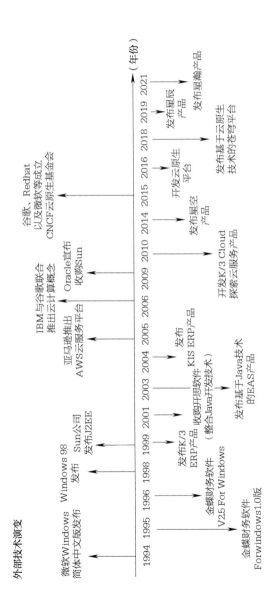

图 5-1　金蝶技术创新跃迁的演变过程

操作平台的财务管理软件，这样就可以利用 Windows 操作平台将财务管理软件的各个模块进行集成，集成后的产品将会极大地方便财务会计人员使用财务管理软件。

金蝶开发基于 Windows 操作平台的财务管理软件这一产品战略，在当时是一个非常冒险的突破式创新战略，因为，即使是在当时软件新技术应用度比较高的深圳，大部分企业使用的电脑操作系统仍然是 DOS 系统，基于 Windows 操作平台的财务管理软件使用率并不普及，基本上可以说是属于无人问津的程度。而业界也普遍认为，在当时的技术条件和市场环境下，Windows 操作平台的普及需要等到 2~3 年之后，而金蝶的各个主要竞争对手也都因为大部分客户使用的都是 DOS 版财务管理软件，认为客户的硬件配置在短时间内无法跟上最新的 Windows 系统，从而搁置了自己在 Windows 操作系统上进行的软件研发计划，转而专注于升级改善 DOS 版的财务管理软件。

徐少春决定采取二元创新的策略，一方面继续加大对 DOS 版财务管理软件产品性能的更新和优化，同时，探索基于 Windows 版本软件的开发。按照他的设想，如果金蝶能够先于竞争对手开发出基于 Windows 操作平台的财务管理软件，就一定可以取得领先优势。1995 年的深圳，是中国计算机应用水平最领先的城市之一，Windows 版财务管理软件需求的硬件条件是至少有 8 兆内存的 486PC，而这一硬件设备正好在当时的企业里处于大面积普及之时，这也让金蝶看到了 Windows 版财务管理软件的可行性。最终促使徐少春下定决心全力以赴转向 Windows 操作平台的是金蝶的一位投资人，这位投资人长期在美国工作，她也认为 Windows 是未来软件系统发展的方向，当时，这位投资人在美国办公室的电脑操作系统都已经换成 Windows 操作平台了。

　　1994 年，在微软推出中文版操作系统之后，经过短时间内对 Windows 新系统的熟悉，金蝶就组织了一个专门的研发团队开始了基于新操作系统的产品研发。1995 年的春节，当人们都在与家人团聚、欢度春节的时候，这个研发团队中的二十多位成员全部留在公司进行着紧锣密鼓的研发。经过将近一年的时间，在 1995 年年底，金蝶推出了当时中国国内第一款基于 Windows 操作平台的财务管理软件——"金蝶财务软件 For Windows 1.0 版"。消息一出，在业界立刻引起了轰动。而在经过一年的系统改进后，1996 年，"金蝶财务软件标准版 V2.5 For Windows"也正式向海内外市场进行发售。1997 年，金蝶的财务管理软件全部转移到了 Windows 操作平台上。从 DOS 系统转到 Windows 操作平台，这次技术创新跃迁在中国软件产业发展史上具有里程碑意义，并彻底改变了当时的财务管理软件企业的格局，推动了中国本土软件企业的技术升级。当然，金蝶也凭借一系列领先产品的发布，从一家区域性财务管理软件企业成长为全国性的财务管理软件领导企业。1997 年年底，金蝶开始关注基于组件的软件开发技术，并于 1999 年成功运用微软公司的 DCOM 模型开发并发布了基于三层结构组件技术的 K/3 系统，这款产品推动金蝶从财务管理软件企业开始转型为 ERP 软件企业。

　　金蝶第二次技术创新跃迁是从 Windows 到 Java，这次技术创新的驱动力来源于客户需求。金蝶发现，基于 Windows 操作平台的财务管理软件产品只能在 Windows 系统中运营，而客户的应用场景不仅有 Windows 系统，还有其他系统平台，这就需要金蝶重新考虑自己的产品战略，要探索能够跨平台的技术创新。从 1998 年开始，金蝶公司成立了中央研究院专门研究基于 Java 技术的跨平台的中间件模型，中央研究院的技术人员在研究了 BEA 的 Weblogic、IBM 的 WebSphere 后，总觉得国外的中间件不能满足金蝶下一代软件产品开发的需要，于是从 1999 年 4 月开始自行开发具有独立自主知识产权的中间件。1999 年 11 月，金蝶开发出以管理交易为主的核心产品 Bluewater V0.9 版，2000 年 6 月又开发出完整的 J2EE 应用服务器 Apusic V0.9 版。金蝶中央研究院在 2000 年 7 月独立为 Apusic 软件有限公司之后，Apusic 应用服务器又经历 4 个月的产品化工作，于 2000 年 11 月正式推出 Apusic 应用服务器 V1.0 版。

2001 年 12 月 27 日，金蝶出资 1350 万元从 TCL 手中购得开思 90% 的股权。开思的软件产品是基于 Java 技术开发的，徐少春发现基于 Java 开发的 ERP 软件稳定性和性能都非常好，而且 Java 技术更加开放，恰好符合金蝶的产品转型战略，这时金蝶不仅考虑要开发可以跨平台的产品，从产品类型上也要从中小型企业 ERP 软件升级到大型企业 ERP 软件。2003 年，金蝶发布了基于 Java 技术的 EAS 产品，这一产品主要面对大中型企业客户的 ERP 解决方案。接着，在 2004 年，金蝶发布了面向小型企业的信息化管理解决方案 KIS 产品，至此，在产品布局上，金蝶建立了从大型企业到小型企业的全方位信息化管理解决方案，推动金蝶从一家财务管理软件企业转型为 ERP 软件企业。

　　金蝶第三次技术创新跃迁是从 Java 技术到云原生技术，这次技术创新的驱动因素是客户对新型商业模式的需求。伴随着互联网技术的发展，SaaS 服务模式逐渐兴起，尤其是 Salesforce 在美国的成功让金蝶看到了新的转型方向。金蝶将 Salesforce 视为自己向云业务转型的标杆企业，其向云业务转型探索的第一步是于 2014 年发布了 K/3 Cloud 产品，金蝶采用渐进式创新的方式，利用云计算的技术改进和提升了现有产品的功能，以适应当时市场上对 SaaS 产品的需求。

　　与此同时，金蝶还在研究如何利用突破式创新开发 SaaS 产品。这种二元创新的模式在金蝶内部也有争议，有人认为中国 SaaS 市场并不成熟，不应该过多地将资源投入到未来不确定的产品上，相反，更应该在现有产品的基础上进行改造和升级，将其提升为一种"类 SaaS"产品，等市场成熟之后再决定如何开发真正的 SaaS 产品。争论持续了将近一年时间，最终徐少春决定金蝶还是要做真正的 SaaS 产品，重新开发和金蝶现有技术平台完全不同的软件产品。2016 年，金蝶内部成立了一个研发小团队，开始探索基于云原生架构的下一代产品。李帆是早期研发团队的核心成员，他在访谈中谈到了当时公司面临的挑战：

　　　　当决定要做新产品时，就涉及技术平台的选择。当时国内的几家主要的 ERP 软件企业都没有好的 SaaS 模式，有些互联网公司在使用 SaaS 软件，比如说京东、天猫、淘宝等。我们去了解了一下互联网的公司的技术栈基本上是云原生，所以云原生技术是互联网公司先用，我们 ERP 软件企业后用。利用云原生技术将 ERP 产品进行微服务改造，当时国内的软件企业都没有启动，国外 ERP 软件企业也没有启动，金蝶算是比较早利用云原生技术启动了 ERP 微服务改造，当时还是有蛮多质疑的。

"从技术角度来看，ERP 云化的核心是云原生。"李帆认为，多数企业走向云原生的过程可以分为三个阶段。第一个阶段是云托管，把线下的东西原封不动地往云端托管，而有很多所谓的 SaaS 服务其实都是托管模式。第二个阶段是云的优化阶段，可能会用到一些云的技术，比如容器技术。原来需要托管到主机里面，现在做了一些优化部署到一个容器，那么资源的消耗就降低了。但没有采用云原生的技术栈，仍是单体架构。到第三个阶段，则是真正实现了多租户的云原生阶段。云原生还包括微服务化，把大的 ERP 进行服务化拆分，然后每个服务在容器里运行。2018 年 8 月 8 日，金蝶对外发布了基于云原生架构的苍穹平台，并明确以苍穹为统一开发平台，提出了"同一平台，同一梦想"的产品创新策略。

创新机制：推动二元创新平衡发展

从三次技术创新跃迁的过程来看，金蝶在每一次创新跃迁中都坚持了二元创新模式，并有效平衡了二元创新的资源配置，那么，金蝶设计了什么机制来支撑二元创新平衡发展呢？

　　第一个创新机制是设立了各类创新奖。我在调研中发现，金蝶激励创新的奖项非常多，不仅仅是针对产品研发，金蝶还鼓励各个领域的员工迸发创意，比如"运营突破奖"鼓励通过业务模式创新、业务标准化、流程标准化、平台数字化等各种举措，在用户全旅程触点上显著提升用户体验水平，提高运营效率，创造业务价值的突破性成果；"交付突破奖"鼓励在大项目交付上取得重大突破，为大项目交付树立标杆，形成具有复制推广价值交付模式的大项目交付典型案例和优秀团队；"产品质量金奖"鼓励以质量为先，为客户创造稳定、可靠、高效的产品价值，持续建设云产品研发的质量管理与工程能力体系，对产品质量有重大提升的工具技术创新和优秀管理实践。

　　与科技创新有关的奖项也有不少，最重要的奖项有三个："微创新奖""自由创新奖"和"杰出创新奖"。这三个奖项与金蝶的二元创新模式有关，"微创新奖"主要推动的是渐进式创新，"自由创新奖"和"杰出创新奖"主要推动的是突破式创新。

　　"微创新奖"鼓励员工基于用户场景对产品和技术进行设计、模式、体验等创新及行业价值链重构，为最终用户创造价值和体验的创新成果。"微创新奖"每半年评选一次，每年设立大概四五十个。"微创新奖"主要面向研发员工或者一线负责二次开发、客户服务的员工，凡是能够推动公司产品、业务、服务模式改进的创新都可以参与评选，这些微创新是推动公司产品技术持续升级的重要动力。

　　"杰出创新奖"鼓励员工挑战现有产品模式，探索未来新技术应用。获得"杰出创新奖"的员工也会获得超级奖励，早期是奖励汽车，现在则是奖励房子。比如，近几年获得"杰出创新奖"的员工可获得深圳湾畔的海景智能房一套。尽管金蝶为"杰出创新奖"获得者设置了重大奖励，但我在访谈"杰出创新奖"获得者时发现，真正推动这些创新者勇于探索和创新的是他们所坚持的使命，这些创新者对未来有非常强烈的使命感和愿景。推动金蝶三次大的技术创新跃迁的，虽然有外部的技术力量，但更重要的是其自身内部创新者的使命感，金蝶的研发人员普遍具有一种强烈的英雄主义情结，立志通过技术推动软件行业的进步，这种内驱力是颠覆式创新的根本动力。

我访谈了一位金蝶"杰出创新奖"获得者，他已经在金蝶工作了23年，参与了金蝶多次大的技术创新活动，他认为正是金蝶研发团队的使命感，以及徐少春所一直坚持的长期主义才成就了金蝶的科技创新优势。2000年，这位受访者加盟金蝶刚刚成立的企业互联网事业部，那个时候企业互联网业务还处在萌芽阶段，徐少春就开始鼓励团队尝试探索互联网业务。为了激发大家创新的动力，徐少春还专门设立了"总裁奖"，重点奖励集团的重大创新突破。

在金蝶的产品主要面向中小企业市场时，Robert（徐少春）就鼓励我们开发面向大企业市场的产品，大家的压力是非常大的，因为整个团队都没有做过这种大型企业的产品，公司其实也没有什么积累，但那个时候大家真的是有一股拼劲，一天到晚慢慢地啃，最终把它啃下来了，这个过程中Robert对技术产品上的创新和投入都非常关注，每次产品的发版他都会亲自过来和研发人员庆祝，来激励我们，产品上有了突破也会奖励大家。Robert 长期以来，一直强调金蝶一定要在产品和技术上领先对手，要对标世界一流厂商。

第二个创新机制是采取了"自下而上"和"自上而下"两种创新模式。在金蝶创业早期，从 DOS 版财务管理软件到 Windows 版财务管理软件，是金蝶创新史上的第一次技术创新跃迁，这次创新是典型的自上而下创新模式，创新的驱动力主要来自企业的高层领导者。而金蝶的第二次、第三次技术创新跃迁，最初都是有研发内部的小型团队来进行探索的，高层领导者起初并不知情，等团队探索出基本的成果之后，才提交给公司最高的决策者，由决策者来配置资源，进行更深度的创新，这种模式起初是自下而上来推动，后来演变成自上而下来实施。

金蝶"云之家"产品的开发最初就来自一个小团队的尝试，当时，这个研发小团队的秘密任务是研发下一代 ERP，以应对移动互联网技术对传统 EPR 的挑战。由于国外的大型软件企业在当时也没有基于移动互联网技术的产品，这个团队在研发上就没有了标杆可以参考，只能依靠自己的探索。但是，是否能够探索出来结果，小团队成员也没有太多的把握，所以，在团队开始运作的时候，并没有向公司高层领导报告此事。一位曾经参与这个研发项目的人员在访谈中回忆说：

当时，我们准备做一个移动办公 App（应用程序），大家讨论后很兴奋，感觉这款产品很有创意，但是，产品到底有没有前途，我们也拿不准，因为当时像 SAP 和 Oracle 这样的国际大企业也都没有类似的产品，国内也没有厂商做。以前我们做事情总想着对标，但是，这次没有对标对象了。那时我也非常郁闷和彷徨。后来，我下决心做这件事情，因为，我觉得只要能够解决客户的难题，就一定会有前途。然后，我就悄悄拉着几个人做了这个产品。等产品出来以后，我们就给 Robert（徐少春）体验了一下，他一看很兴奋，支持我们继续研发。

由于得到了高层领导的支持，这个研发小团队获得了更多的资源，创新也从自下而上转变为自上而下，项目成了公司重点推进的创新项目。

为了推动两种创新模式的融合发展，金蝶还专门设立了"自由创新奖"，它是激活全员创新的一种奖项，这种奖励机制推动创新文化的形成，充分激活各级"边缘者"的创新动力。徐少春认为，"自由创新奖"可以鼓励自下而上的创新，与自上而下的创新形成互补。

第三个创新机制是灵活配置资源。图 5-2 展示了金蝶自 2011 年至 2022 年期间的研发投入占比，我们可以看出，金蝶的研发费用占比是相当高的，尤其是 2020 年至 2022 年，这三年的研发投入占比分别达到了 26.2%、30.2%、30%。

金蝶在研发资源配置上采取了一种灵活渐进的方式。公司鼓励研发人员积极拥抱新技术，快速将新技术整合到金蝶的产品之中。张利军是金蝶 2014 年度"杰出创新奖"的获得者，他已经在金蝶工

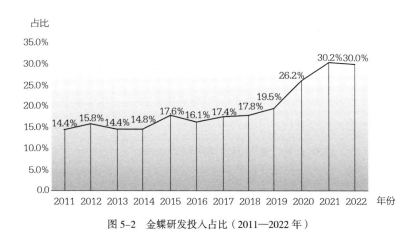

图 5-2　金蝶研发投入占比（2011—2022 年）

作超过了 20 年，经历了金蝶核心产品的开发。在他看来，金蝶研发
人员在骨子里有一种以科技领先的使命感，对于每一种技术变革，
研发人员都力图去抓住机会，将新技术整合到产品体系之中，提升
产品的功能。当然，他也坦陈，这背后的核心机制就是金蝶灵活的
资源配置策略。

　　由于新技术对未来产品的影响结果具有较高的不确定性，企业
难以在新技术处在萌芽状态时就进行大量投资。金蝶的策略是鼓励
研发人员自发组织团队，支持创新者去尝试，这时公司会给团队支
持一定的资源，但是，这些资源不会是大资源，就像是发射了一颗
子弹，一旦项目成果有了明确方向，团队的项目会升级到公司层面
的项目，公司就会投入大资源进行研发，就好比发射了炮弹，利用
大资源的配置加快研发成果的产出。在访谈中，李帆给我分享了苍
穹平台早期开发的故事：

我进去的时候当时只有十几个人，到年底的时候也不到 30
个人。那个阶段还是一个探索阶段。2017 年是一个转折点，我
们探索完了之后，我跟老孙讲，我说我们 30 个人不可能做一个
新产品，基本上这条路我们已经探索成功了，我们希望更多的
人进入。当时决定了从其他产品团队调人，一下子调了 100 人
过来。现在看来，当时胆子还是比较大的。

我对金蝶执行副总裁赵燕锡进行过多次访谈和交流，他认为金
蝶和国内其他友商相比，对研发人员更加包容，对新技术的探索更
加开放。事实上，金蝶目前正在销售的几款重要产品，起初都是由
一些自发组织的小团队开始探索的，后来才上升为公司的重大项目，
由公司统一来立项，并实施重点科技攻关。

创新这个事情，说起来很简单，大家能看到聚光灯下的那
一刹那，但是实际的过程实在太曲折和复杂了，可能要很长时
间的积淀，关键是公司要去投入，公司不会因为一次失败就否
定了这个方向发展，而是给工程师机会，让有理想、肯干、能
创新的工程师有机会在这个领域持续为公司输出有价值的产品。

工匠精神与极客精神

我在多次深入访谈和调研金蝶的研发团队后发现，金蝶的研发
体系在公司"致良知"文化的基础上培育了自己独特的亚文化，这

一文化的核心特征可以用八个字来描述：工匠精神、极客精神。前者追求精益求精，后者追求创新探索。这两种文化精神恰恰分别有助于推动渐进式创新和突破式创新。通常，渐进式创新往往是一种有计划、有组织的创新，企业因应市场和客户需求的变化，不断完善现有产品的功能，提升产品品质。突破式创新则不同，往往没有实现的规划，突然一种新的技术诞生了，它与现有的技术完全不在一个层面上，是一种彻底的超越，是一种技术颠覆，这样的颠覆性变革来自行业的周期性的技术大变革。企业需要同时应对当下市场的变化，以及未来颠覆式技术的挑战。

　　在金蝶研发体系工作多年的李帆认为，金蝶的工程师文化对留住研发人才、激发创新起到了至关重要的作用。

　　　　金蝶研发团队有一个比较纯的工程师文化，没有太多的官僚和办公室文化。这种文化会吸引一些人才在这里留下，大家都喜欢金蝶的氛围和研发的氛围。在我们这个行业，创新确实需要拥有一定的新技术人才，但更多的还是需要在行业内能沉淀下来，既懂技术又懂业务的人才。

　　长期以来，金蝶一直注重培养这种工程师导向的文化氛围，塑造一种工匠精神。在金蝶哲学体系中，徐少春尤为看重的是研发体系的哲学，他多次参与讨论研发各个环节的哲学条目和行为标准。比如，对于开发产品，金蝶研发团队制定了一系列明确的标准。首先明确了在产品开发方面不能容忍的负面行为："我行我素，对研发标准视若无睹。只关注功能实现，不考虑性能、可靠性、安全、可重用性。"其次，确定了产品开发四个层级的标准，用于指引产品开发不断精益求精。基准（层级1）：安全稳定，功能完整。良好（层级2）：操作流畅，高性能高可靠。优秀（层级3）：架构灵活，敏捷应变。架构严谨、灵活、易扩展，支持企业业务快速变化和突发流量的高可用。标杆（层级4）：技术创新，令人惊艳。输出思想，形成标准，制定规范，追求极致，引领行业技术和应用变革。

金蝶研发文化中还注重培养极客精神，极客是指以创新、技术和时尚为生命意义的群体。金蝶执行副总裁赵燕锡认为，金蝶研发人员的极客精神也是公司尊重专业精神、尊重科技的体现。

> 很多人愿意在这儿工作就是觉得人际交往不用费太多心思，也不用每个人都争做领导，我们尊重专业技术，很多专业技术人员的工资比金蝶管理人员都要高，这是我们大家都认可的，所以研发特别强调职级的认证和体系的维护，尊重这个专业。因为对专业热爱，才会产生极客精神，才能体会到通过创新提升生命的意义，我认为这是研发人追求的至高境界，也是科技公司需要建立的文化。

我在访谈一些从其他公司加盟到金蝶的资深工程师时发现，他们对金蝶文化中的工匠精神和极客精神非常认同。在金蝶，这些工程师们得到了充分的授权，不仅在产品开发方面拥有比较大的主导权，对未来的创新项目也可以得到公司的资源支持。一些工程师将金蝶的这种文化和徐少春的背景联系起来，他们认为，徐少春是专家型企业家，是从写代码开始创业的，这种技术型的企业家对工程师和研发人员有着"天生的信任"。一位接受访谈的工程师告诉我：

> 工程师在公司的主导权是比较大的，公司对突破创新也是非常鼓励的，这会增加我们工程师的主动性，提升大家的信心。如果公司是营销导向型的文化，就可能会短视，不会给研发人员充分尝试的授权。金蝶研发管控制度有灵活性，鼓励大家创新。公司对一些创新的项目，鼓励不断突破、不断尝试，而且有明确的激励机制鼓励创新。这是极客精神的土壤。

金蝶将鼓励工匠精神和极客精神的文化上升到哲学层面，从产品规划、设计到开发，每一个维度都提出了具体的哲学条目，每一项哲学条目都有具体的行为标准。比如，在研发哲学中就有一条"坚持 6×10 的克制，拒绝 10×6 的平庸"，宁肯在产品开发中覆盖 6 个功能，每个功能都力争让客户的满意度达到 10 分；也不会开发 10 个功能，每个功能的满意度只有 6 分。这条哲学条目的含义是坚持大道至简的原则，聚焦才能抓住客户真需求，才能开发出卓越的功能，做出极致的产品，最终赢得客户的认可。

从金蝶科技创新的发展历程来看，金蝶一直鼓励研发团队瞄准世界一流的技术动态，不断跟踪新的技术，同时密切关注行业的动态，在国内的软件产业取得了多次重大创新，实现了中国本土软件企业的科技引领（表 5–1）。

表 5-1　金蝶主要科技创新成果（1995—2013）[31]

时间	突破创新
1995 年	中国第一款从 DOS 系统到 Windows 系统产品：金蝶财务软件 for Windows 1.0 版
1997—1999 年	中国第一款企业软件三层架构产品：1997 年开始预研，1998 年开始 K/3 产品研发和市场宣传（与 Windows DNA 架构一起），1999 年 5 月发布 K/3 产品。
2000 年	中国第一款基于 J2EE 的中间件：Apusic Application Server（Bluewater 1.0）
2002 年	中国第一款基于 J2EE 的企业级平台金蝶 BOS：Apusic BOS V1.0
2002—2003 年	中国最早在 ERP 引入微软 .NET 技术：2002 年开始探索，2003 年 2 月在 Windows Server 2003 中国发布会上发布 K/3.net 产品。2003 年，金蝶发布了基于 Java 技术的 EAS 产品
2010—2014 年	中国第一款云 ERP：金蝶云 ERP。2010 年开始研发，2014 年正式发布
2016—2018 年	中国最早将云原生技术引入大型企业管理软件。2016 年开始研发，2018 年正式发布
2017—2020 年	中国第一款自主研发的多维数据库。2017 年开始研发，2020 年正式发布
2020—2021 年	第一个进入 Gartner 高生产力 aPaaS 排名的中国厂商。2020 年进入，2021 年连续两年高生产力 aPaaS 中国市场占有率第一

尤其是金蝶的苍穹平台在科技创新、数字能力方面实现了战略引领。2022 年，在 Gartner 发布的报告中，在高生产力 aPaaS（high productivity aPaaS）领域中，金蝶的苍穹平台超过了微软、Mendix、Oracle 等众多国外厂商，蝉联中国市场占有率第一，占比 23.84%，

在全亚太区排名第四，是亚太区排名最高的中国云服务企业，也是中国唯一进入前五的企业。[32]

深度对话：技术创新的驱动力

曹仰锋： 我发现金蝶在过去 30 年有三次大的技术创新，第一次是从 DOS 版财务管理软件到 Windows 版财务管理软件，这次技术创新推动金蝶从一个区域性的财务管理软件公司成长为一个全国性的财务管理软件企业，这次技术变革非常不容易，因为当时大多数企业的电脑都是支持 DOS 版软件的。当 Windows 版软件成为市场主流产品的时候，金蝶又探索利用 Java 技术开发产品，并实现了技术引领。第三次技术创新是用云原生技术构建了苍穹平台。从事后来看，金蝶每一次技术创新都踏准了技术革新的节拍，当时您是怎么判断技术方向的？如何解决内部对技术方向不一致的意见？

徐少春： 这是一种直觉，当一种新的技术出现时，我能感受到它会对我们这个行业产生的深远影响和变化。比方说，第三次技术创新，金蝶原来是一个传统的软件公司，我们的目标是向云服务的方向转型。我其实在 2007 年就开始思考这个问题了。当时，移动互联网刚刚兴起，我能感受到我们这个行业会发生深刻变化。到了 2011 年，我感受到这种变化已经是迫在眉睫了，而金蝶在 2011 年的时候还在向咨询方向、服务方向进行转型。我认识到这是不行的，必须马上变。所以 2012 年开始公司就决定必须要成为一个云服务的领航者，要开始向云服务的方向进行转型。尽管 2012 年是第三次转型的开始，但是在这之前我有好几年的思考，所以转型是一个过程。

曹仰锋： 在这个变革过程中，除了您本人要深思熟虑外，还会影响内部管理层和研发人员吗？

徐少春： 毫无疑问，我自己要收集大量信息，包括国际、国内最新的技术前沿。另外也要加强与内部管理团队的沟通，还要与客户沟通，看看在客户那里有什么样的反馈，总之，需要做多个方面的研判。

曹仰锋： 您从 2007 年就开始思考移动互联网对金蝶产品的影响了？

徐少春： 是的，2007 年我们开发了一款面向小微企业的软件产品：在线会计，用它探索向云服务 SaaS 模式转型，这款产品是在 2006 年收购的香港会计网的基础上开发的。

曹仰锋： 选择小微企业市场探索向云服务模式转型是成本相对较低的。

徐少春： 对，因为小微企业的产品相对比较小，投资也比较少。

曹仰锋： 从 2007 年开始探索思考向云服务模式转型，到今年已经持续了 16 年，在这个过程中金蝶内部有没有在技术方向上出现过不同的声音？我发现许多企业在技术创新的方向上常常面临困境，技术成熟的团队更倾向于老技术，探索团队更倾向于新技术，如何处理和协调这种矛盾？

徐少春： 当时，我们内部对技术创新的方向也有不同的声音，尤其是 2012 年开始在中高端企业市场上向云服务方向进行转型的时候，公司内部就有很多不同的声音，比如在技术路线的选择上，是采取微软的技术，还是采用云原生的技术，都有争论。一直到 2016 年，研发团队告诉我他们要采用云原生的技术，就是将互联网企业普遍采用的技术应用到企业软件里面，这在中国软件企业中也是领先的，应该是首次。我同意了研发部门提出的技术方向，坚定地支持他们使用云原生技术，于是 2016 年金蝶开始大规模投资苍穹平台。

曹仰锋： 您刚才提到很重要的一点，企业家对未来判断的直觉很重要。您认为直觉能培养吗？您是怎么培养直觉能力的？

徐少春： 我认为直觉有天生的因素在里面，当然，后天的学习也对培养直觉有帮助。1991 年我辞去工作，下海创业，从 1993 年创立金蝶公司到现在，这么多年过去了，我一直在一线打拼。由于竞争的原因，再加上软件行业技术变化很快，我必须快速捕捉这个行业的信息，久而久之就形成了一种敏感性、一种危机感。为了生存和发展，需要有一定超前的预测性，要能够抢先，要获得先发优势。我认为是这个快速变化的市场培养了我后天的敏感性。

曹仰锋： 我们往往会把创新分为两类：渐进式创新和突破式创新。相对 DOS 版的财务管理软件，Windows 版软件是一次突破式的创新。相对于 Windows 版软件，基于 Java 技术的产品是一次突破式创新。而今天的云原生平台相对于原来基于Java技术的传统ERP，又是一次大的突破式创新。渐进式创新用于满足当下用户的需求，帮助企业在当下赚钱，而突破式创新是面向未来的，企业只有将这两种创新都做好了，才能够拥有持续的竞争优势。但是许多企业都不容易做好两类创新。为什么做不好？这背后有两个问题，第一，对未来技术方向判断不准，不敢投资；第二，突破式创新会和渐进式创新争夺资源，而资源是有限的。金蝶是如何同时做好渐进式创新和突破式创新的？公司在资源配置上有什么样的原则？

徐少春：　一般情况下，渐进式创新往往是有计划、有组织的。比如我们公司早期的财务管理软件K/3、EAS，这些产品已经比较成熟了，要不断地随着市场的变化而完善功能，因为客户的需求是不断变化的，所以，我们必须持续地根据客户的需求进行修订，这就是持续性的创新，公司有计划支持，有明确的目的。而突破式创新往往没有计划，一种新的技术突然诞生，它与现有的技术完全不在一个层面上，是一种彻底的超越和颠覆。这些技术通常来自行业大的技术变革，作为企业就需要抓住机遇，顺势而为。

曹仰锋：　金蝶在资源配置上是否有固定的原则或者比例来支持面向未来的探索性技术？

徐少春：　有的，我们公司在资源配置上坚持7∶2∶1的比例：70%的资源投在核心业务上面，这些业务需要持续改进，直

接给公司产生现金流；20% 的资源投资在快速成长的业务
上；10% 的资源投资在一些探索性的新型业务上。

曹仰锋： 金蝶建立了相对完善的支持创新的激励体系，我听说获得
创新大奖的奖品有车，也有房子，这是很激励人的，有多
少人获得了"杰出创新奖"？

徐少春： "杰出创新奖"已经设立了将近 10 年，房子应该也奖了
五六套了，汽车大概也有五辆。通常，"杰出创新奖"每
年度会有一名，早期是奖汽车，后来是奖房子，给那些在
技术和产品上有杰出创新的创新者。

曹仰锋： 重大奖励肯定是推动科技创新的重要机制，是对创新者努
力与付出的回报。除了重大奖励之外，您认为还有什么机
制推动金蝶不断持续创新？

徐少春： 我们还有"微创新奖"，每半年评选一次，每年设立大概
四五十个。"微创新奖"的评选对象不局限于研发人员，
也包括一线进行二次开发以及为客户服务的员工，只要在
本领域或者其他领域有一定的创新，能够推动公司的产品
或者业务改善和进步，就都可以参与评选。我认为，微创
新是推动公司产品、技术持续创新的一个重要动力。

曹仰锋： 奖励微创新是推动渐进式创新的很好的机制，通过小创
新、小奖励不断推动产品和服务的持续迭代。但是，突破
式创新就不一样了，从目前的研究上来看，突破式创新的
基本驱动力来自愿景和使命，只有对未来有非常强烈的使
命和愿景，才有可能进行突破式创新，因为突破式创新未

来是否成功有很大的不确定性。金蝶在过去的 30 年，在技术创新上实现了持续引领，是什么样的使命感在推动金蝶进行突破式创新？

徐少春： 金蝶始终有一种宏大的使命感和理想。1997 年在深圳的一次软件展示会上，我们打了一个很大的横幅：发展软件产业、振兴中华民族。从一开始创业，我们就不是单单为了挣钱，不是为了要发财致富，而是要做一番大事业。我记得刚创业时，我们还提出了一个响亮的口号："用金蝶软件，打天下算盘。"即便到了现在，我们仍然没有忘记初心，提出了"为企业生长而生"。其实，我们内心深处一直有一种强大的使命感和动力，就是要通过软件改变世界，我们要为世界、为行业、为中国做出贡献。

曹仰锋： 您本人的使命感非常强烈，金蝶研发团队的使命感强烈吗？您对他们的使命感满意吗？

徐少春： 我还是比较满意的。金蝶历史上几次大的技术创新，从 DOS 版软件到 Windows 版软件，从微软平台产品到 Java 平台产品，特别是由传统的软件向云服务进行转型，这几次大的变革一方面是由外部的行业和技术变化推动的，我们抓住了这种趋势，但另外一方面，我们内心有一种动力，没有这个动力是抓不住机遇的，这个动力就是使命感。金蝶的研发人员总体上来说有一种强烈的英雄主义情结，就是要改变行业、改变世界，推动技术的进步。

曹仰锋： 在金蝶创业创新史上，您认为哪件事情或者哪个案例能够体现英雄主义的使命感？

徐少春： 比如在探索由传统软件向云服务战略转型时，我们当时成立了一个小分队，小分队里面有张利军、李帆等一些技术骨干，这些技术骨干原来有的研究微软平台，像张利军就是研究微软平台技术的，对微软技术平台了如指掌，也有研究 Java 技术的，不同的人组合在一起。2016 年，当他们在我的办公室提出技术的初步规划时，我当时也感到很兴奋，眼前一亮，我觉得他们抓住了云原生的大趋势，他们内心有一股强大的动力，就是一定要干出伟大的产品。云原生的技术再加上强大的使命感，两者一结合就有了金蝶的苍穹平台。

曹仰锋： 我这几年经常参加金蝶公司高管会议，发现您对研发人员非常包容。优秀的科技公司似乎都有这个特点，就是对失败的包容。如果没有对失败的包容，就没有创新的土壤。您认为金蝶在包容失败方面做得怎么样？

徐少春： 这个方面金蝶还真的是非常包容。金蝶在历史上也走过弯路。其实在 2016 年决定投资云原生技术之前，2012 年就有一个团队开始研究下一代 ERP 软件了，但这个团队的成果并没有获得"杰出创新奖"，也没有变成公司的某一款产品。在一些人眼里他们好像是失败了，但我和许多人都认为这个团队并没有失败。虽然最后没有修成"正果"，但这个团队的技术积累为苍穹平台的诞生奠定了基础，如果没有他们的失败，也不会有后来苍穹平台的诞生。这就

　　充分说明，在一个企业里面，每一次创新、每一次变革都会成功，当下看似的不成功也会为未来的成功打下坚实的基础。所以，金蝶在开放包容、鼓励创新、包容失败方面在同行业当中是做得很好的。

曹仰锋： 我在调研中发现，金蝶的研发部门在探索新技术时会先成立一个小团队，这个团队的工作职责和内容并没有向公司高层汇报，等有些成果，或者探索出一些方向后才慢慢浮出水面，公司的高层才知道有这个探索团队的存在。这种创新是自下而上的创新。另外一种创新是自上而下的创新，由企业的高层管理人员看到未来的趋势后指定技术团队进行探索。在金蝶，这两种创新模式是不是同时存在，以哪种创新模式为主？

徐少春： 这两种模式都存在。当然，自上而下的创新是主流，这种创新有明确的年度计划、产品战略，那种探索性的创新往往是一个小分队在那里苦熬几年，算不上主流，但往往非主流的创新最后推动了公司的技术创新。所以，在金蝶既有主流的创新，也有非主流、探索性的创新，我们都允许它存在。我觉得对非主流的不反对就是最大的支持。

曹仰锋： 金蝶会不会鼓励非主流创新？

徐少春： 我现在越来越觉得我们要鼓励这些自下而上的非主流创新。前不久，我跟研发平台的管理者讲，我们要鼓励和吸收来自组织外的创新，鼓励不在公司年度计划内的创新。现在，金蝶给研发员工每一个季度放一天"发呆假"，就是鼓励去做这种非计划性的探索和创新。

曹仰锋： 您是技术型的企业家，您本人学习的是财务专业和计算机专业，在早期创业的时候自己还编过程序代码，这种技术背景是否对您塑造鼓励科技创新的机制和文化有独特的帮助？

徐少春： 我是特别喜欢创新的，而且我喜欢打破常规。砸掉一个旧世界，建立一个新世界，这是我最喜欢干的事情。尤其我年轻的时候，内心的这种冲动更强烈，我也特别喜欢有独创性、能够另辟蹊径的人，不太喜欢循规蹈矩、老老实实、像老黄牛一样的人。随着年龄增长，这两年可能更平衡了一点，我变得既喜欢有独创精神的人，也喜欢脚踏实地、在一个岗位上一步一个脚印的人。

曹仰锋： 从时间资源分配上，我发现很多时候您都愿意跟研发人员进行沟通。另外，您在金蝶哲学和文化上花费的时间和精力也比较多，目前还保持这个习惯吗？

徐少春： 是的。因为金蝶首先是一个科技驱动的产品公司，特别是搞了 IPD 以后，我跟研发人员开会的时间大概占了全部工作时间的三分之一吧，我希望公司在产品和技术上不断实现创新。当然，文化、哲学这两个方面也很重要，它们也占了我将近三分之一的时间。

曹仰锋： 现在金蝶向云服务转型取得了一定的领先优势，苍穹平台、星瀚、星空、星辰等在市场上具有了一定的竞争优势，但竞争对手跟进的速度也很快。未来三到五年，您认为金蝶如何才能继续保持产品的领先优势？

徐少春： 我觉得最重要的是要培养一个人才梯队，我对后备人才的培养是比较重视的。首先，每年我都会给研发主管开两到三次专题会议，讨论如何去构建研发人才后备队伍，包括近期后备、远期后备。我一直认为人才才是创新的动力，有一支人才梯队可以做到前赴后继，不断推陈出新。其次，文化上我倡导开放，以及"力争上游、力争第一"这样一种精神，并形成了金蝶哲学。我们将研发从产品规划、设计到开发每一个环节都制定了哲学准则，目的就是要打造令人惊艳的产品，创造鼓励精一创新的文化。最后，我们鼓励研发团队瞄准世界一流技术的前沿动态，行业发展的前沿动态，不断跟踪新的技术，这样就可以时时刻刻把握住时代的脉搏。

曹仰锋： 您有什么样的习惯来培养直觉力和洞察力？

徐少春： 长期以来我很多创新的点子都是在运动时想到的。我喜欢早晨爬山，爬到山顶上再下来，中间就会有很多点子冒出来。我还喜欢打篮球，打完篮球以后洗个澡，一天的状态就特别好。还有，我也喜欢散步，边散步边思考。不能再做这些剧烈运动后，我就经常来回踱步，来回踱步也是思考的过程，也能产生不少创新的点子。

曹仰锋： 我也有运动的习惯，尤其在跑步的时候，就有很多点子出来，因为慢跑不需要过多关注运动本身，不像一些对抗性的运动要集中精力。我坚持写作这么多年，有不少灵感和想法都是在慢跑的过程中出现的。

徐少春： 因为人在运动的时候血液会加速循环，尤其有氧运动会激发人的思考力。

曹仰锋： 软件行业科技属性特别强，而且科技创新的速度非常快，像最近的人工智能 ChatGPT 就很火爆，您是否担心将来会有颠覆性的技术颠覆现在的 SaaS 订阅模式软件？

徐少春： SaaS 模式是一种商业模式，我觉得这个模式还是有很强的生命力的，因为整个社会未来是按需定制，这个需求会持续很长时间，但背后的技术可以不断进行变化。我觉得未来人工智能会在软件这个行业发挥更大的作用，我们这个行业拥有这么大量的数据，怎么利用人工智技术帮助决策者进行更好的决策预测，我觉得这里面会出现很多新的机会。

曹仰锋： 面向未来，您觉得金蝶的软件科学或者技术创新的人才会出现短缺吗？

徐少春： 国内人才是很多的，但是我一直强调我们要找那种创意型人才，在一个企业里面创意型人才是不多的，有那么几个厉害的创意型人才就不得了。所以，我们要抓住核心的创意型人才，我把他们称为创意精英。只要把他们的聪明才智发挥出来，我觉得这样的公司就有希望。

曹仰锋： 从您的视角来回顾金蝶 30 年的发展，在科技创新领域有哪些经验是值得其他企业借鉴的？

徐少春： 第一点，就是不管企业规模大小，都一定要怀有远大的理想和梦想，我觉得这非常重要。金蝶之前规模很小的时候就始终抱有非常宏大的理想，激励自己往前奔跑。第二点，当外部环境在进行周期性变化，特别是遇到困难、陷入瓶颈低潮时，或者外部环境很恶劣的时候，这时往往是创新的好机会，要牢牢抓住。第三点，得人才者得天下，得人心者得未来。做企业就是要能聚集一帮优秀人才，并且把他们的内心力量极大地激发出来，那这个企业就一定会有未来。早期创业时我是金蝶的控股股东，占 90% 的股份，后来我的股份份额变成了 30%，第一大股东成为招商局蛇口工业区，第二大股东是我，还有一位美籍华人占了 25%。到了金蝶在香港上市时我有 30% 多的股份，现在我占 20% 的股份。我想说的，其实就是财散人聚。领导者一定要跟员工分享利益，我觉得分配机制很重要。以前我比较少讲这些事情，但金蝶一直在默默地坚持与员工分享利益。我们公司早期的很多员工都拥有期权，这几年不搞期权了，我们给员工发放限制性股票，很多人都有限制性股票。一个企业家一定要把大家的力量凝聚在一起，调动大家的积极性。

第 6 章

以心为本：持续竞争优势的基因

变革需要健康的文化

文化是影响变革是否成功并进而影响企业是否拥有持续竞争优势的重要因素。当面对变革带来的挑战时，如果员工缺乏共同的价值观，就难以产生凝聚力，而没有凝聚力的变革，其结果往往只有一个：一败涂地。

在与一些企业领导者沟通和交流文化对变革的影响和作用时，我发现只有极少数领导者会否认文化对变革的影响作用，大多数的领导者都能够意识到文化对变革的战略作用。但令我非常惊讶的是，文化常常被视为一个无所不包的概念，在一些领导者的思维中，文化似乎变成了一个筐，什么都可以往里装。

如果一个概念无所不包，这个概念本身就没有了实际意义。在本章中，我将文化视为一个组织所坚持的价值观、信仰和信念。对于一家具有较长发展历史的大型企业来说，要建立一种能够强烈影响员工行为的企业文化非常不易，尤其对那些人员特征非常多元化的企业而言，想让员工拥有共同的核心价值观是极具挑战的任务。

而让企业文化制度化，从而保持文化的历史延续性，更是难上加难。坦率地讲，做到这一点需要非凡的领导力、执着的追求和巨大的勇气，但一旦成功，回报将是极为丰厚的，它可以为企业带来长期的竞争优势和可观的经济效益，为员工带来高品质的生活，并能积极推动社会的进步。[33]

但是，我们需要意识到，文化在变革中具有两面性，文化既会对变革产生积极的推动作用，又会对变革产生消极的阻碍作用。哈佛商学院约翰·科特教授历时多年研究企业文化和绩效之间的关系，他曾经提出了一个非常有趣的命题：企业家不能只培养文化，而是要培养健康的文化。言下之意，只有健康的企业文化，才能够帮助企业提升长期绩效，而那些不健康的文化对企业有百害而无一利，只会削弱企业的竞争力。科特得出的一个基本结论是：健康的企业文化是公司能够持久发展的重要因素，培养健康的企业文化需要企业的领导层进行长期的努力。[34]

在不健康的文化中，"自满的文化"会阻碍企业在多变的环境中持续获得竞争优势，许多过去成功的企业如今无法保持竞争优势，原因就是它们无法面对自我淘汰的阵痛和困境。

"自满"是人类与生俱来的天性。由于传统的竞争形态根深蒂固，企业内部即使有足以挑战沉疴的新信息，也往往被搁置一边。当相信传统战略的气氛逐渐形成整个公司的文化时，若有人提出改善的建议就会被整体视为不忠。享受到成功滋味的企业通常重视稳定性，难以预测的事绝不轻易尝试，所以会全心

全意保卫现有的表现，任何改变的观念也因为层层考虑而遭到
封杀。在这些公司中，除非旧的竞争优势已经确定成为明日黄
花，否则新的战略很难受到重视。[35]

　　文化不匹配一直是阻碍变革成功的最大障碍，然而，改变一
个组织的文化对领导者而言是个非常大的挑战。一个组织的文化就
像墙上的影子，不能直接改变。要改变影子，必须改变产生影子
的物体或者光源。文化的改变只能通过改变行为得到，而行为必
须获得政策、结构和领导风格的支持。只有这样，文化才会发生
转变。[36]

　　本章所探讨的核心问题是，在韧性变革的历程中，金蝶如何塑
造健康的文化来推动变革？文化是如何演变的？金蝶文化中的哪些
核心特征会对韧性变革产生积极的影响作用？如何通过制度化的手
段将文化付诸实施？在本章的最后，我将讨论文化如何帮助企业获
得持续竞争优势。

文化演变：从"事上用功"到"心上用功"

　　金蝶韧性变革的历程表明，文化与战略是共同演变的。在金蝶
30 年的发展历程中，战略变革经历了从创业公司到财务管理软件企
业、从财务管理软件企业到 ERP 软件企业、从 ERP 软件企业到 SaaS
企业的三个成长阶段，在战略变革的背后，金蝶的文化演变也分为
三个明显的阶段。

从 1993 年到 2000 年，在创业初期的第一个阶段，徐少春将金蝶的价值观确定为：敢想、敢干、敢当，诚忠、诚信、诚实。"敢想、敢干、敢当"的核心就是"敢为"，这种文化特征具有极其鲜明的创业公司特点，也与金蝶所处的深圳经济特区"敢为天下先"的精神气质高度契合。"诚忠、诚信、诚实"的核心就是"真诚"，金蝶始终要求员工要"以一颗赤诚之心对待客户、伙伴和他人"。

1997 年，徐少春将金蝶的文化提炼为激情文化，它包含了敢于创新、与奋斗者建立事业与利益共同体、强烈的家国情怀以及帮助客户成功的坚定信念。

首先是敢于创新。1994 年，当徐少春决定研发基于 Windows 系统的财务管理软件时，彼时的主要竞争对手也都还在专注于基于 DOS 系统的财务管理软件的升级。当徐少春了解到当时的美国已经基本上完成了对 DOS 系统的替换，于是毅然决定投入研发。这一主动走出舒适区、勇于自我颠覆的创新文化，奠定了金蝶在财务管理软件领域的市场地位，在后来的发展中也成为金蝶的基因。如今，金蝶仍然坚持重奖创新，设立了"杰出创新奖""优秀创新奖""微创新奖"等奖项，每年投入奖励资金数百万元甚至数千万元。

其次是与奋斗者建立事业与利益共同体，共享奋斗成果。1997年，因政策调整，金蝶公司原股东之一的蛇口社会保险公司退出了金蝶股份，徐少春将这部分股份的一半，也就是总股本的 20% 分给了金蝶的员工，这也是金蝶第一次进行股权激励。此后，这一做法长期坚持了下来。随着金蝶软件产品销售收入的增加，为了更好地激励员工，徐少春也提出了"五子登科"，要让金蝶的员工都能够实现物质和精神的双丰收。时至今日，无数的金蝶员工已经在这个平台上实现了"五子登科"的梦想。

最后，激情文化还饱含了一种强烈的民族自豪感和使命感。这种强烈的家国情怀，体现在金蝶的事业中，就是帮助客户成功的坚定信念。1998 年，业界流行一种说法，"不上 ERP 是等死，上 ERP 是找死"。因为 ERP 带给企业的并不仅仅是一套资源管理系统，对于习惯了粗放管理的许多企业来说，更是一种管理理念和方式的转变。用得好，企业管理效率就能得到大幅提高；用不好，就是花了钱也办不成事。面对这一市场局面，经过深入分析，徐少春和金蝶认为 ERP 要成功，除了产品，还要有专业的咨询和实施服务，这就是"产品 + 服务"的模式，并提出了"帮助客户成功"的营销策略，建立完善规范的客户服务体系，还发展出了 K/3 的"金手指六步法"的实施方法和工具。"帮助客户成功"成了金蝶企业文化一以贯之的核心原则。

从 2001 年到 2010 年，金蝶的发展进入第二个成长阶段，金蝶的产品线不断丰富，从单一的财务管理软件全面转型为 ERP，先后推出了 K/3、KIS、EAS 等核心产品。这一阶段，金蝶的价值观升级为爱心、诚信和创新。爱心被诠释为金蝶始终不变的初心，自成立之日起金蝶就一直致力于为客户带去阳光、温暖和爱；诚信的核心仍然是真诚，延续了第一个发展阶段价值观的表述；创新则浓缩了敢想、敢干、敢当，更加简洁。

2001 年，金蝶在香港创业板上市，针对公司上市后出现激情消退的情况，徐少春在金蝶发起了"整顿风气，二次创业"的行动。2003 年，在公司内部开展"斩尾行动"，全面去除官称，同事之间不能使用"总""经理"等作为结尾的称呼，倡导称呼英文名，或直呼中文名。今天，金蝶的员工在公司遇到徐少春，一般都叫他 Robert，内部没有人会以"徐总""徐董"相称。2004 年，金蝶设计了各种活动以进一步在公司内部弘扬平等文化，其中之一就是"BeerBust"，这个活动的目的是促进平等沟通交流，聚会现场只有啤酒，没有座位，没有主次，所有人都可以在平等的氛围中聊工作、聊人生、谈公司、谈个人……这样的活动让管理者们听到了更多真实的声音和更多创新的想法，缩短了员工和管理者之间的心理距离，让公司文化更有活力，成为具有金蝶特色的文化团建项目。

2007 年，徐少春提出了"没有家长的大家文化"，在公司推动"三化建设"：管理制度化、业务标准化、人员专业化。为了提升管理的精细化程度，金蝶开始强调纪律和法治精神。2008 年，金蝶发布了"三大纪律，八项注意"，规定员工必须遵守的商业底线行为，以及"客户第一、持续创新"的行为准则和"创新、共赢、和谐、快乐"的工作氛围。

从 2011 年开始，金蝶的成长进入第三个阶段，公司向云服务模式转型，徐少春也开始思考如何升级金蝶的企业文化。一个偶然的机会，徐少春看到了"王道薪传班"的宣传资料，这个班是由著名企业家施振荣和著名学者陈明哲联合发起的，徐少春参加了首期"王道薪传班"。这次学习，给了徐少春很大的启发，他领悟到倡导内圣外王的"王道"思想，就是中国管理模式的本质所在。2011 年，金蝶的价值观升级为"走正道、行王道"。

2012 年，金蝶转型遇到非常大的挑战，业绩开始下滑，员工士气受到很大的打击。当时，金蝶面临着何去何从的挑战，徐少春也不断叩问自己，金蝶的转型方向到底在哪里。经过长时间的思考，最终他领悟到了"三个坚持"：坚持信念、坚持信任、坚持行动。坚持信念，就是坚信软件行业具有无比广阔的前景，相信金蝶有力量能够扭转困难，克服挑战；坚持信任，就是相信共同创业、共同奋斗的同事；最后是要坚持行动。这三个"坚持"，是身处艰难和绝境时刻的徐少春，从内心深处生发的一种力量。也正是这样的经历，为徐少春和金蝶后来的致良知、以心为本的文化奠定了基础。

2016 年，金蝶的云转型进入关键时期，徐少春因为机缘巧合，接触到阳明心学，为致良知的主张所深深触动，并且领悟到良知其实就是"道"，中华文化的核心密码就是心，只要启动良知、达至良知，就能找到"道"。2016 年 7 月，徐少春将金蝶的价值观升级为"致良知、走正道、行王道"，"致良知"是根本与灵魂。

金蝶 30 年来在文化上的三次演变，是一个不断在事上用功、在心上用功的求索过程。如果说早期的"敢想、敢干、敢当""爱心、诚信、创新"更多是一种对金蝶人言语、身行的倡导和要求，是以事为本，是在事上用功，那么，"致良知、走正道、行王道"则是着力于提升员工的境界格局和心灵品质，这是以心为本，是在心上用功（图 6-1）。

文化演变

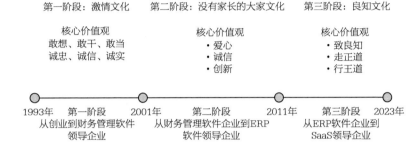

图6-1　金蝶战略与文化的共同演变

以"利他之心"赢得客户

"以心为本"文化的第一个维度是"利他之心"。在中国传统文化中，"善"与利他精神是高度关联的，"大善利他"，利他是善德的至高境界。在西方学者中，彼得·德鲁克敏锐地意识到善德对组织的重要性，他指出，管理的本质就是"激发和释放每一个人的善意"。对别人的同情和理解，愿意为他人服务，这是一种善意；愿意帮助他人改善生存环境、工作环境，也是一种善意。[37]

金蝶文化致力于培养组织中的利他精神，这一精神对金蝶凝聚员工及伙伴的所有力量来推动变革起到至关重要的作用。步入金蝶深圳总部的大堂，迎面的屏风幕墙上有一幅大气磅礴且非常具有中国传统文化底蕴的艺术作品，巧妙地将"走正道、行王道"六个字融入其中，再加上左上角的艺术字体的"致良知"三个字，完美地将金蝶的核心价值观"致良知、走正道、行王道"呈现出来。

徐少春深受王阳明心学的影响，他坚信只有激发良知的力量，挖掘每个人内心无尽的宝藏，通过不断的自我修为和事上磨练，去除私欲，达致良知，使个体爆发出巨大的正能量，从而突破小我，成就大我，才能真正做到走正道、行王道。

在金蝶的文化体系中，所谓的"大我"就是要能够在心中装得下他人——家人、朋友、同事、客户、伙伴等，也就是利他精神的体现，这也是金蝶"致良知、走正道、行王道"价值观的核心要旨所在。因此，在金蝶，致良知首先意味着要做一个利他的人，不断地突破小我的藩篱，达到大我的境界。这一思想深深地影响了很多金蝶人。金蝶助理总裁、小微企业事业部总经理才俊在一次文化学习会中分享道：

> 克服困难，最重要的还是提升自己的心性，放下小我，找到真我，最终要成就一个大我。要做到这一点，最重要的是"诚"，要诚于己，诚于自己的这颗心，一切的成功都归结于利他之心。

金蝶将文化中的利他精神与帮助客户成功紧密结合起来，利他首先意味着为客户创造价值，帮助客户成功。简言之，就是要做到爱客户。《追求卓越》一书的作者汤姆·彼得斯认为：成功的企业各具特色，但其成功经验却都浅显平常，人人皆知，没有什么新式武器。他主张面向市场、面向顾客。企业的所有活动都要围着市场和顾客转，而且要把顾客当成有血有肉的人，热爱顾客，满足顾客越来越特色化的特定需求，对顾客偏好的变化迅速做出反应。[38]

徐少春曾在一次分享中讲道：

> 上善若水，我们要以客户为中心，成为行业里最爱客户的一家公司。把我们的爱献给客户，要像水一样，水善利万物而不争。我们像水一样对待天下所有的客户，不去争高低，而是处在客户的下面，去掉我们的傲心，把客户举起来，把客户放在我们的心上。这样才是真正接近于道。

爱客户，把客户放在心上，一定要做到懂客户。金蝶哲学中有一句话在员工中传播度非常高，"洞察真需求，解决真问题"。为了推动企业文化的落地，金蝶将文化融入领导力模型，比如，在金蝶领导力模型中，客户洞察被列为被八大能力之首，并被分成了四个层次：理解显性需求，挖掘潜在需求，洞察本质需求，预测未来趋势。这也就意味着，要做到懂客户，不仅要学会聆听，理解客户现状和表达出来的显性需求，还要能够聆听到客户内心无声的呼唤，挖掘那些未曾言明的深层需求。不只如此，它还要求金蝶人能够洞察客户需求的本质，在满足客户需求的同时能够引领客户。比客户想得更多、更深、更远，才能做到真正地懂客户。

做到这样当然不容易，但最难的不是洞察需求的方法，而是能够感知客户的同理心。一位做线上购买平台的金蝶 IT 部员工曾分享过自己的切身经历：

春节前（项目）启动时，我在脑子里想自己要怎么做这个事情，就把各个在线体验平台赶快去体验了一遍……但后来老马说你做错了，你根本就没有把用户装在心里，如果把客户装在心里，你现在就去调研客户抓数据了……当我们真正走到客户现场、了解客户时，我才发现真的是自己错了，我一直在想客户在购买过程中是怎么痛的，调研究发现，客户在购买之前就已经开始痛了，他根本还没有到（购买）那一步。客户最痛的是根本不知道要哪个产品，要怎么去购买，买了产品之后要怎么用起来。

自我中心几乎是人的一种本能，当我们认为自己做得已经很不错的时候，其实可能还没有触及客户真正的痛点。

感同身受的共情能力，是一种强大的心力，它能让我们跳出对小我的过分关注，将目光投向更大的远方，激发利他行为的动力。但这并不是一个自然而然发生的过程，需要创造相应的空间和机会，要走进客户，走进现场，经历最直接的体验。"研发人员应该多去现场，去挨客户的骂。如果每天被客户骂上半个小时，再回过头来想质量这个事情，可能会更加心明眼亮。"这并不只是对现状直言不讳的批评，金蝶也正在通过制度化的方式，让越来越多的员工通过轮岗，进行身份的转换，接触不同的群体，带来心灵上的冲击和思维的转变，让"以客户为中心"通过情感体验的方式更加深刻地烙进每个人的内心。

金蝶一位研发平台的员工曾在一篇题为《在普通的一天改变人生》的文章，分享了被客户"怒怼"的经历。有一天，这位研发人员在客户现场小会议室里，被客户拍桌子劈头盖脸地骂："你们的软件怎么这么差！知不知道给我们造成了多少损失？共享中心上百号人，每天都有很重的审单任务，系统一卡顿，大家就得停工。哪怕五分钟，也会导致当天任务处理不完，整个集团的单子就会积压，我们共享中心会被整个集团攻击，你们担得了这个责任吗？"面对客户的指责，这位研发人员沉默不语，他意识到如果自己一直待在公司里做研发，不亲自到客户现场，根本不会体会到这种痛。这次被客户"怒怼"的经历，让他决定到一线去轮岗。在轮岗半年后的一次大会分享中，他讲道：

> 我们伴随客户成长，要做出足够领先、足够优秀的产品，才有资格和客户一起走下去。正是经历了这种刻骨铭心的"劈头盖脸的骂"，才让我切身感受到客户的痛，并立志做出足够优秀的产品，这样才能对得起客户的信任和托付。

仅仅懂客户还不够，利他精神还体现为在洞察真需求之后，设计出令客户愉悦的产品，提供高价值的解决方案，带给客户极致的体验。

2011 年，在一次公司内部学习会上，徐少春提出"数据就是金钱，体验就是生命"。徐少春敏锐地洞察到客户体验的重要性，他反复告诫金蝶的管理者，客户体验的背后实际上站着的是一个个鲜活的人，他们或是企业的决策者，或是专业领域的管理者，或是产品服务的直接用户，各自有着不同的诉求和习惯。影响体验的，也不只是产品的质量，还有便捷易用的使用体验，以及辅助决策和提升管理的价值创造。

在与研发干部的座谈中，徐少春将产品研发的过程概括为"春簸筛捡"四步法。"春"就是到客户当中去，聆听客户内心的呼唤，在用户中锤炼自己。"簸"就是从用户中来，回到办公室，把用户再请进来，也把不同意见的人请进来，反复碰撞，去除杂质。"筛"就是要让数据说话，让产品更加精纯，在金蝶哲学里被概括为"坚持 6×10 的克制，拒绝 10×6 的平庸"。最后是"捡"，产品要发版了，要评审，要让客户来挑刺，不断优化产品。

在"春簸筛捡"四步中，始终有一个关键词，就是客户。其出发点是研发出令客户惊艳的产品，而过程的每一步都需要客户的参与，最终的产品也要经过客户的检验。一位金蝶的产品设计师描述了自己在客户现场的经历：

> 客户拒绝的方式很委婉。他打开产品，同时打开录屏软件，做了一笔完整的业务，并给我们提供了两个数据：一个是完成这样一笔业务所需的时间，另一个是在这个过程中用户一共需要点击多少下。这个数字我记得特别清楚，一共是 28 下。我们开玩笑说，把大象放进冰箱也不过需要三步而已，一个付款功能竟然要点 28 下！这样的体验，的确不好！

较差的客户体验深深地刺痛了这位设计师和她的团队，经过不断地"春簸筛捡"，他们最终将客户完成支付的点击次数降到了 6次，效率提升了 10 倍。

在金蝶，利他精神不仅融入了产品规划、产品和开发中，也融入了客户服务的全旅程。2021 年，金蝶启动了提升客户全旅程体验的运营变革，这一变革的核心目的是：在每一个和客户的接触点上提供为客户创造价值的服务。怎样让变革真正取得实效？曾担任金蝶客户成功负责人的孙洪如分享了自己的经验："我们所有的例会都设置了一个'例会三问'：对提升用户体验有没有帮助？对用户而言有没有价值？是否有更好的方案？每次开会讨论问题的时候都会先把前提写上，然后再开始讨论，回去看事情是不是这样做的。""例会三问"就是"以客户为中心"利他精神的具体化。

企业之所以存在，就是因为它能够以规模化的协作优势满足市场与客户的需求。客户的存在是企业存在的根本前提，没有了客户，企业也就没有了存在的必要。在这个意义上，为客户创造价值的利他主义是企业存在的本质要求。而企业能否实现韧性变革与增长，最根本的也在于能否将利他主义全面和彻底地执行下去，融入企业经营的方方面面，变成每个员工的自觉行动。

而在充满不确定性的时代里，企业所有焦虑根本的一点，是看不清、摸不透客户真实的需求是什么，变化是什么。要破解这一难题，答案只能从客户那里去寻找，"客户一旦参与进来，很多工作就开始迎刃而解了。原来想不清楚的流程、想不清楚的设计，客户会给你答案，他也非常愿意参与进来，得到响应以后客户也非常开心。这个时候我就发现，只要你内心有坚定的想法，结果就自然会出现"。这位金蝶人朴实的话语触及了问题的本质，确定性的答案不在竞争对手那里，只存在于客户那里。只有始终心怀成就客户之心，走近客户、聆听客户、懂得客户、帮助客户，企业才能在纷繁复杂的市场环境中找准定盘星，保持战略定力，坚定发展方向。

很多企业之所以很难做到真正利他，是因为不敢坚定地相信，自己的利他付出会得到回报。徐少春经常讲的一句话是"因上用功"，刻意地追求结果，反而可能会适得其反，求之不得；反之，只要满怀真诚地帮助对方，结果自然会来。一位金蝶的客户在使用金蝶产品的过程中遇到了问题，技术支持人员面对客户诉求，加班加点，多次致电，耐心讲解，不仅专业细致地解决了问题，还为客户贴心准备了相关的学习材料。被打动的客户在"徐少春个人号"上留言："你不曾因用户产品老旧而放弃，我必任岁月蹉跎而不远离。"其实，每一份用心的付出，都不会被辜负；只要一心为客户利益着想，企业也必将获得丰厚回馈。

在金蝶哲学手册的扉页上印着金蝶的使命——"全心全意为企业服务，让阳光照进每一个企业"。徐少春在解释这句话时说："全心全意，那就是把我这颗心掏出来，百分之百地奉献给客户；让阳光照进每一家企业，至少要是一名君子，为他人分享阳光，带去温暖带去爱。这句话其实已经暗含了你要成为一个更好的人，至少成为一名君子。"心怀客户、伙伴和同事，这种利他之心是金蝶无论是在顺境还是逆境中实现韧性变革和持久生命力的根本。

以"信任之心"赢得伙伴

2011年，金蝶开始从ERP到SaaS的云转型。在传统的ERP模式下，获得客户是核心，购买和实施是为客户创造价值的核心环节，相对而言时间较短，专业性要求低。而在 SaaS 模式下，使用是创造价值的核心，客户从产品购买到实施，再到上线使用、获取服务和续费，每一个环节都是价值创造点，时间长、活动复杂、专业性要求高，传统的软件企业必须要成为能够为客户提供长期陪伴式服务的合作伙伴，才能获得持续价值。有人比喻在 ERP 模式下，软件企业是狩猎者（hunter），只要将产品卖出去，交易就算结束了。但在 SaaS 模式下，需要转型成为培育者（farmer），如果客户在使用产品服务的过程中不能产生价值，就不会再续费。这也就意味着企业必须对 SaaS 有充分的敬畏之心，与客户建立长期陪伴的信任关系。

这种信任，不仅是客户对金蝶品牌的信赖，实际上也是对品牌背后金蝶文化和金蝶人的信赖。金蝶副总裁马銎辉在访谈中说："表面上看，客户购买的是金蝶的产品和服务，但背后实际上是金蝶怎么去做产品和服务的价值观，客户实际购买的是金蝶人的心性。"正如金蝶的愿景"做最值得托付的企业服务平台"所言，这既是对金蝶远景目标的自我期许，也是一种价值追求。托付是一种最高层次的信任，没有信任就不会有托付。在金蝶哲学中，这种托付被描述为"决不辜负每一个客户对我们的选择和信任"。一位员工在访谈中分享了自己的感悟：

虽然金蝶面对的是 to B 的企业级客户，但企业背后就是一个个活生生的人，企业的困难到后来就是会发展成员工的困难，每一个员工背后都是一个个鲜活的家庭。我们只要能够帮助企业解决它们的困难，促进它们的成功，我们就是真真切切在帮助背后的每一个家庭、每一个人。

企业因人而兴，企业的兴衰也关系着身处其中的每位员工、每个伙伴的命运。2022 年，金蝶提出了自己的"增长飞轮"，其核心目的是构建金蝶、伙伴和客户之间的信任生态。在这一信任生态中，不仅要建立客户与金蝶之间的信任关系，还要建立金蝶和伙伴、伙伴与客户之间的信任关系，从而形成一个良性循环。

其实金蝶在 30 年的发展历程中，一直都高度重视伙伴的建设。早在 2005 年，金蝶发布蓝海战略时，就提出了"产品领先，伙伴至上"的思想，并发布了 BOS 平台，合作客户和伙伴可以在 BOS 平台上开发管理软件，构建 ERP 生态圈。进入 SaaS 时代，特别是随着金蝶全面进军大企业市场，自身业务需要更加聚焦，伙伴的重要性越发凸显。在金蝶哲学体系中，伙伴哲学的词条是"风雨同舟，共创共赢"，其核心就是信任。唯有做到信任，伙伴才会与金蝶风雨同舟，合作也才能够实现共创共赢。

依托强大的苍穹平台，金蝶构建起了从引进、赋能、协作到评估、关怀等伙伴全生命周期的服务链条，在每一个阶段都全心全意帮助伙伴成长。青岛雨诺是金蝶生态系统中的一个重要伙伴，这是一家在医疗连锁零售行业信息化的创业公司，雨诺曾尝试创建自己的 SaaS 平台，但屡屡受挫。在深入了解了金蝶苍穹平台的能力之后，雨诺决定将自己的产品移植到苍穹平台，构建整体解决方案。雨诺的这一措施强化了与金蝶的协同优势，双方共同服务了包括百洋医药在内的多家大型客户。

对于伙伴来说，成长带来的不仅有喜悦，还有烦恼。要获得伙伴的信任，就必须提供成长式的陪伴，持续赋能伙伴。"很多伙伴的创始人都是业务出身，创业初期管理二三十人的团队或许还可以，但如果发展到上百人，管理方面就会面临很大的挑战，甚至影响伙伴公司的稳定"。为了帮助伙伴更好地成长，金蝶不仅构建了从资格认证、专业能力、组织能力到战略规划能力的全方位、立体化赋能体系，还搭建了伙伴管理的基础体系和支持系统，帮助伙伴实现经营能力的提升。"动荡的时代最可怕的不是动荡本身，而是依然用过去的逻辑做事。通过专业引领，提升伙伴认知让伙伴更好地应对这个瞬息万变的市场，更好服务客户，帮助客户成功。"这是一位金蝶省区伙伴业务负责人的感受。也正是在他的努力下，其所在省区渠道收款规模增长翻了两番，订阅规模更是增长了十几倍。

与伙伴同行的过程并不总是一帆风顺。金蝶坚定不移地向云服务转型，就曾一度对有些伙伴造成了冲击。曾有伙伴说："起初我让我们的人员销售云产品，经过一段时间我发现我们人员的稳定性、公司的盈利均大幅下降，那段时间对我来说真的很痛苦，我痛苦他们也痛苦，我每天都用'鸡汤'浇灌他们，后来发现'鸡汤'也没有了营养。"当时，金蝶下达了"不放弃任何一个和我们一同奋斗过的伙伴"的指令，由总部高管带队亲临一线，走进伙伴，用"激活之旅"带动伙伴转型。曾负责山东伙伴业务的田亮，对此记忆犹新："我组织伙伴召开公司的经营会议，帮助伙伴梳理现有业务和未来业务两个重点，重新规划了经营团队，明晰了两个团队的考核方向及内容。"这种一对一的排忧解难让伙伴重获新生，这家伙伴企业的老板动情地表示："我现在的喜悦真的取决于当年的讨论和持续的坚持，我现在对未来充满信心。"

让田亮这么做的一个重要原因，是因为伙伴与金蝶风雨同舟、肝胆相照的过往：

> 记得在金蝶最为艰难的那几年，很多的兄弟姐妹面临着职场上的重新抉择。就在我们为此感到不忍和心痛的时候，是伙伴站出来说："都是金蝶一家人，不能让任何一个愿意为金蝶战斗的人寒心。虽然我们的能力有限，但是我们一定也能够给他们一片天空。"就这样，很多曾经金蝶的员工到伙伴公司施展拳脚，继续与我们一起并肩战斗，金蝶的大门随时等待着家人们的回归。

正是这种曾经共患难的经历，让田亮对伙伴充满感情，让他们在伙伴转型面临困难时倾心尽力地相助。

患难见真情。金蝶伙伴哲学中有这样一句话："在伙伴遇到经营危机时，以金蝶价值观为指引，整合内外部资源为伙伴纾困解难。"金蝶的资深合作伙伴成普公司（以下简称成普）对此深有感触。2008 年成普刚成立时，金蝶的团队主动上门，和伙伴一起跑市场、发传单、扫楼、地推，进行全方位的帮扶，帮助成普度过了最初的艰难，成普也逐渐地发展壮大。随着规模的不断扩大，由于缺乏经

验，成普的资金出现问题，负责人也到了要卖房卖车的境地。了解
情况后，金蝶再次施以援手，通过伙伴贷为成普"输血"，帮助其顺
利渡过难关。正因为这份特殊经历凝结的信任，在金蝶全面推进云
转型、很多伙伴还在观望时，成普毫不犹豫地一马当先加入云转型
阵营，不仅为其他伙伴树立了榜样，自己也实现了涅槃重生，业绩
连续名列前茅，多次获得金蝶表彰。成普的负责人坦诚地说："一直
以来，我都非常信任金蝶。别人是因为看见，才会相信；我是因为相
信，所以看见！"

　　金蝶生态战略的目标是成就百万开发者和千家伙伴，这并不是
一个容易达成的目标，建立信任生态，根本上还是要秉持一颗利他
之心。

　　　　我们应该时不我待，分秒必争，以一颗无我利他之心，快
　　速去成就更多的开发者，成就更多的合作伙伴，改写中国企业
　　软件生态的格局，这是一件多么令人兴奋的事。我们要责这个志，
　　让志变得更加坚定，放下小我，成就大我，这样我们的事业可
　　以做得更大。

　　徐少春如是分享自己对金蝶生态建设的期待。金蝶的韧性，离
不开伙伴的韧性，而只有时刻心中装着伙伴，为他们提供从引进、
认证、赋能、协作、评估到关怀的全旅程服务，伙伴才能够追随金
蝶韧性成长，坚定地信任金蝶，在云转型的道路上共同向前。

　　打造金蝶与伙伴之间的信任生态，其根本还是要联合伙伴，为

客户提供更加协同、高效和更有价值的产品与服务。生态圈能否壮大，伙伴能否持续成长，根本也取决于能否取得客户的信任。在最新修订的金蝶哲学中，有这样一条表述，"让客户推荐客户"，就是通过解决客户真问题，帮助客户成功，让更多的成功客户成为金蝶的代言人，这是金蝶和伙伴共同的使命。金蝶认为，客户的口碑非常重要，口口相传带来的传播效应，永远比任何广告和花式营销都来得更有效。而口碑的本质，就是信任，甚至是无条件的信任，这是企业最为宝贵的财富。

如何才能建立这样的信任口碑？一位金蝶员工分享了一个动人的故事。这位员工在分公司负责小微渠道业务，有一天有位伙伴推荐了一位客户，这位客户是做五金产品销售的小微企业主，想要购买精斗云产品。因为客户的年纪比较大，而且此前他的门店没有任何信息化的基础，即便是简单的进销存软件，对他来说也是一道不可逾越的门槛。小微的产品本来售价就不高，但这位客户的需求却让对接的金蝶员工瞬间凌乱。在接下来的几天时间里，从进销存的基本知识到产品介绍，再到分模块演示甚至数据导出后的 Excel 基本知识，这位金蝶员工几乎都是手把手地进行一遍遍演示，这位客户也终于能够顺利地使用产品。

每一次真诚的服务都会被客户记在心里。这位客户后来说："说实在的我有点笨，你不仅教会了我软件，还让我学到了好多 Excel 和软件的知识。你们金蝶的服务真的比我之前用的产品的服务好太多了，我之前的软件销售就是受不了我学不会，主动把软件给退了。我明白，我购买你们的软件，占你这么大的服务量，对于你们来说是亏本的。不过你放心！我不会让你们吃亏的！"没多久，这位客户就拉过来几位朋友，都毫不犹豫地购买了金蝶的产品。

类似这样的事情在金蝶还有很多。从几千元的小微产品，到百万、千万级的项目，"客户推荐客户"的故事一直都在上演，很多客户有感于金蝶的真诚和专业，主动为金蝶站台，诠释了信任和口碑的力量。

金蝶依托强大的苍穹平台和对伙伴全生命周期的赋能与关怀，帮助伙伴提升经营能力，逐步构建起强大的平台生态；更好的伙伴与金蝶一道实现优势互补，也就能够以专业的力量服务客户，为客户创造价值，从而树立更好的口碑；更好的口碑也会反馈更多的商机，反哺金蝶和伙伴，实现持续增长，从而形成良性循环，这就是金蝶"增长飞轮"的核心逻辑。

以"胜利之心"赢得成功

金蝶"以心为本"文化的第三个特征是"赢的精神"，即以胜利之心赢得成功。这种赢的精神，并不只是在商业竞争中战胜对手，而是一种饱含家国情怀的使命和梦想，是一种追求卓越的精神气质，是一种不畏挑战、攻坚克难的勇气和胆识。

徐少春在最初创业时，公司的名字叫爱普，其意是"让爱普洒人间"。1993 年公司才更名为金蝶。为什么会用金蝶这个名字？徐少春解释了名字的由来："我想让千千万万财务人员从苦海当中、从烦琐的劳动当中解放出来，让他们工作更轻松，让他们能够有美好的人生。我们像一只金色的蝴蝶一样，飞进千万财务人员的窗口，带给他们阳光、温暖和爱。"

表面上看仅仅是更换了公司名字，但实质上这次公司改名，徐少春给公司注入了一种新的使命、新的梦想。"用金蝶软件，打天下算盘"这句金蝶在早期创业时使用的广告语完整地诠释了金蝶创业的初心，并彰显了金蝶赢的精神、追求胜利与卓越的精神。为了在公司文化中不断注入赢的精神，金蝶常常把公司的发展与民族软件产业的成长结合起来。比如，在 1997 年香港回归祖国的时候，金蝶就发起了"发展民族软件，振兴中华民族"百万人签名活动，这次活动不仅在社会上引起极大的反响，也激发了金蝶员工致力于发展民族软件的战略雄心。

徐少春在塑造金蝶胜利文化的时候，非常善于将金蝶发展的目标与中国发展的大势结合起来，这种做法的好处是可以提升金蝶员工的工作意义感和使命感，让员工从工作中获得更大的成就感和自豪感。2006 年，徐少春将金蝶的使命与中国管理模式紧密结合起来。和中国许多公司一样，金蝶在成长过程中也一直借鉴西方的管理模式，但是，文化的差异性导致西方管理模式在中国企业管理实践中遭遇了不少难题。徐少春认为任何一种管理模式都根植于特定的文化土壤之中，中国拥有独特的传统文化，这种文化土壤中产生的管理模式一定有中国特色，而当时，这种理念并没有被大多数企业所接受和理解。许多企业尽管认为西方管理模式有局限之处，但也不相信能产生中国管理模式。徐少春认识到，探索中国管理模式不仅对金蝶自身的成长有意义，对中国许许多多的本土企业亦有重大战略意义。2008 年，经过两年的准备，徐少春联合国内一些知名专家、学者、企业家联合发起了"中国管理模式杰出奖"评选活动，如今，"中国管理模式杰出奖"已经成为中国管理界极具影响力的奖项之一，为推动中国企业的管理进步做出了贡献。而在这一过程中，金蝶将"让中国管理软件在全球崛起"作为自己的使命，在企业文化中不断注入奋斗的力量和赢的精神。

在企业文化中融入家国情怀，并将这种情怀与公司事业结合起来，有利于激发员工的工作斗志。金蝶"杰出创新奖"获得者林志贤对此非常有感悟：

> 除了跟国家和民族融合之外，我觉得我们的梦想还应该跟所从事的事业融合。我在金蝶干了 16 年，16 年我们一直在提金蝶梦，有很多种提法。可能每个人的心中想的说出来都不太一样，但它的核心都一样。什么叫金蝶？金色的蝴蝶。有一个成语叫破茧成蝶，意思就是：走出困境，重获新生。而金蝶梦就是不断地突破瓶颈，走出困境，不断重获新生。我有一个金蝶梦，挺进大企业！

长期以来，中国大型企业的软件市场基本上都是大型跨国公司占主导地位。随着我国政府开始将企业数字化转型上升为国家战略，提出了加快信创产业的发展，它是我国 IT 产业发展升级采取的长期计划。信创产业的发展为金蝶的战略升级提供了巨大的机会，金蝶在不断巩固自身在小微企业和中型企业市场优势的同时，也制定了

向大型企业软件市场转型的战略，并成功地与华为等大型企业开展
合作，承担了华为 HR 数字化变革项目。与华为、招商局集团等世
界一流企业的合作，激发了金蝶员工的斗志，强化了员工的胜利之
心，金蝶也借此提出了要成为"世界一流 SaaS 服务商"的新使命。
徐少春认为金蝶与华为的项目合作在塑造员工胜利之心方面极具战
略价值："华为 HRIT 已经不仅仅是一个项目，它是一片新的土壤，在
这里种下什么，就会收获什么。2020 年提出的'决战坂田，走向世
界'，现在渐渐地离目标又近了一点，是即将成为世界级金蝶的一个
先锋队。"

胜利是一种信仰，这种信仰在工作中表现为一种追求卓越的精
神。事实上，如果没有卓越的产品，也无法取得持久的胜利。追求
卓越的品质需要一种勇于自我批判的精神。金蝶"杰出创新奖"得
主李帆在一次内部分享中说道：

> 我认为我对这个产品付出了很多，但还有很多值得反思。
> 最近一段时间，苍穹的各种问题频发，我还会请大家原谅，说
> 这是一个新产品。但如果站在客户的角度，无论是老产品还是
> 新产品，客户都在用，客户遇到了问题就应该最快地去解决，
> 而不该去自我安慰说它还是一个新产品。如果真的能够像阳明
> 先生一样，一件事情没做好会寝食不安，甚至流下泪来，就没
> 有克服不了的困难。坦率地讲，对客户的很多问题，我还不至
> 于流下泪，在提升自己和整个团队上还有很大的空间。

　　在金蝶，像李帆这样的管理者已经形成了一个习惯，当遇到问题和挑战、陷入困境时，常常会从王阳明的哲学思想中汲取行动的力量。任何企业的发展和创新都不可能一帆风顺，有时会有低谷，有时会面临几乎不可能完成的挑战。王阳明在《与王纯甫书》一文中写道："居常无所见，惟当利害，经变故，遭屈辱，平时愤怒者到此能不愤怒，忧惶失措者到此能不忧惶失措，始是能有得力处，亦便是用力处。"金蝶文化强调，一个人的用力处既需要在事上用功，更需要在心上用功。追求胜利既需要在产品上用功，也需要在心上用功。在心上用功，往往会起到事半功倍的效果。尤其是当面临巨大的挑战时，能否做到迎难而上、攻坚克难，于不可能处赢得胜利，往往取决于是否有一颗胜利之心。2012年，金蝶业绩严重下滑，变革进入困境，徐少出在当时提出了"三个坚持"：坚持信念、坚持信任、坚持行动，正是"三个坚持"重新激发了员工的斗志与激情，提振了公司变革的士气，最终金蝶走出了这次困境。在2022年，徐少春在"三个坚持"的基础上增加了"赢得胜利"四个字，强调信念、信任和行动的最终结果就是要取得胜利，这进一步丰富了金蝶的胜利文化。

　　从2018年开始，金蝶依托苍穹平台，开始全面发力大企业市场，这次战略升级给金蝶的组织能力带来了空前的挑战，因为在大型企业市场上金蝶过去并没有积累太明显的能力优势。对于金蝶来说，向大型企业客户转型是主动走出舒适区的战略攻坚，不少高管也认为"这是一场只能胜利、没有退路的战斗"。金蝶不仅要在技术上取得突破，还要能够突破大项目的交付瓶颈，建立面向大客户的客户成功体系。一位金蝶"杰出创新奖"得主对此深有感触：

> 财务领域最高端的客户经常用到合并报表和预算产品，这些产品非常复杂。复杂点就在于内部需要一个规模巨大的运算，可以理解为一个巨大的 Excel 在实时不断地进行非常复杂的运算。国外的这些产品都有专用的数据库，而且不会对外出售。将来苍穹面对一些如央企这样的高端超大客户的时候，必须要做这样专业的、自主可控的数据库。这是国内行业内的一个空白，一块绕不过的硬骨头，十分有战略意义。

在金蝶服务大型企业客户的过程中，"硬骨头"的确不少，但是，难度再大，也必须要一块一块地啃下这些"硬骨头"。为了提振团队的士气，金蝶开始引入打胜仗的思想，让打胜仗的思想成为金蝶的一种信仰。在打胜仗信仰的指引下，金蝶团队的小伙伴一起不分昼夜地进行技术攻关，最终推出了苍穹多维数据库，填补了行业的空白，艰难地啃下了一块"硬骨头"。

要在大企业市场实现突围，需要专业制胜。金蝶哲学手册的总则中开宗明义地提出"以客户为中心，长期坚持专业主义"，胜利的信心同样源自专业实力。一位金蝶的销售人员在回忆一个重大项目打单经历时，有一个细节让他记忆犹新。在 POC（proof of concept，概念验证）的过程中，客户提出让金蝶团队和友商比拼产品的实现能力，并表示什么时候做好了就可以预约时间进行演示。"我们几乎不假思索，直接回答：'不用另外约时间，明天下午就可以给您演示'。"

对于金蝶团队这种几近自负的自信，客户不置可否，这反而激发了团队的斗志，经过一个晚上的通力合作，第二天，当项目团队如约拿出成果向客户展示时，"客户震惊了，拍手称好"。金蝶人将这种"招之即战、战则必胜"的信念贯彻项目始终，仅仅用六个月的时间就"创造了不可能"，实现了高品质交付，云南中烟也荣获了智能财务最佳实践的年度综合大奖。

金蝶在大企业市场采取的策略是"饱和攻击"，即集中资源和力量攻坚克难，这种策略再加上充满斗志的员工，效果相当不错，让金蝶近年来签约了不少大型企业客户。在金蝶的三十多家省级区域公司中，山西公司的规模不大，只有几十名员工，处于中等规模水平，像这种规模的公司，签约百万元级项目已经属于大项目，因为分公司有限的能力会限制项目交付。王宏担任山西公司总经理之后还发现了另外一个严峻的现实：当地大型企业市场基本上被竞争对手占据。"刚到山西去拜访友商时，对方一点儿都不客气，直接说国企在山西格局已定，你们（金蝶）参与不了。"王宏调研后发现金蝶在山西大型企业市场上占有率的确不高，但他也很清楚在山西如果不能占领大型企业市场，尤其是如果不能与大型国企合作，金蝶在山西永远不可能真的赢。王宏和他的团队暗暗下了决心，一定要寻找机会实现突破。终于，在一个竞争对手交付失败的项目上，王宏的团队抓住了与山西国运这家地方国资"巨无霸"的合作机会，通过提供业内最先进的解决方案赢得了客户，并在新冠疫情肆虐、不断遭遇封控的困境中，信守合约，实现了高质量交付。王宏和团队必胜的信心让客户印象深刻，也彻底打开了双方全面合作的大门，金蝶与山西国运相继签署了多份合作协议。对此，王宏非常感慨："最难打的仗、最难攻的山头，只要我们敢于拼刺刀，敢于亮剑，就可以赢得最终的胜利。"

徐少春经常在金蝶的文化学习会议上强调不仅要在事上用功，还要在心上用功。胜利之心的最终目的是为了帮助客户成功，不是追求只看短期结果的急功近利式的胜利，而是将胜利化作一种更加深沉的使命和责任，一种不断追求卓越、对自我永不满足的精神品质，和主动迎接挑战、敢于攻坚克难的勇气和智慧。王阳明在平定宁王之乱后，有弟子向他请教用兵是否有术，他回答道："用兵能有什么术？只是学问纯笃，养得此心不动罢了。"这看似简单，实则为极不易达到的境界。

企业要实现韧性变革，既要有果断变革的决心，又要有不为外界乱象所扰的定力，才能取得最终的成功。金蝶在 30 年的发展历史上，几乎没有提出过极具进攻性的"狼性文化"，而是反复强调成就客户的利他之心、精益求精的卓越之心、自我颠覆的变革之心。即便是 2022 年将"一切为了胜利"作为金蝶的战略文化主题，徐少春反复强调的仍然是要致良知、走正道、行王道。

> 我们把客户服务好，品牌价值越来越高，人家会主动来找我们的，这是王道。王道是什么？王道是旺道，是人家向往到我们这里来，因为我们过去做出了利他的贡献，形成了一个品牌，产生了一个吸引之力，这是王道。但是你先要走正道。

以"关爱之心"赢得员工

如果说一切为了胜利的赢文化，体现的是金蝶面对市场竞争时的进取精神，那么家文化体现的则是金蝶文化温情的一面。在金蝶的奋斗者哲学中有两条表述：一条是"一个金蝶，一个家"，它强调对员工从工作、身心健康、家庭到事业上的关怀；另一条是"奋斗最美，绝不亏待奋斗者"，强调的是金蝶要为员工搭建成就梦想的奋斗舞台。

2007 年，徐少春提出了"没有家长的大家文化"，强调在金蝶逐步消除"家长式管理"和"公司官僚政治"，建立一种更加开放、全员创新和充满人情味的金蝶文化。营造开放、坦诚、包容的文化氛围，是金蝶家文化建设的一个基本目标。比如，金蝶建立了一个完全匿名化的心声社区，只要不是违背法律法规、公序良俗和公司纪律处分条例规定的红线行为，员工可以在社区里面畅所欲言，自由表达观点，可以吐槽，也可以提建议。曾有人对此举表达过担忧，认为可能会导致负面言论过多，甚至会有一些不负责任的攻击行为，但徐少春力主保持社区的匿名性。既然要打造开放包容的文化，就要容许员工有自由表达的权利，开放这样的渠道；更重要的是，要相信开放包容带来的更多是建设性的建议，有助于管理层听到不同的声音，这是大多数正式渠道都很难完全做到的。

事实证明，虽然偶尔会有一些不负责任的攻击指责，绝大多数的发言都是理性的，其中有很多建设性的意见。比如很多一线的销售人员，会在心声社区吐槽公司的审核审批流程过于烦琐，对一线的支撑不够。虽然有些话措辞比较激烈，但公司的业务部门会进行实名回复，提出有针对性的优化改进措施。还有很多员工对办公环境提出改进建议，如洗手间卫生、茶水间清洁、抽烟区设置等，都会在第一时间得到相关部门的回应，并采取切实的改进措施，切实改善了员工的办公环境。

公司文化建设的一个难点是做到知行合一。建设一种坦诚开放的文化，很多公司从理念上是认同的，一旦具体到实际的执行，往往会顾虑重重。金蝶心声社区的实践之所以能够做到这一点，本质上也是"以客户为中心"的一种体现。在某种程度上，员工也是公司的客户，是管理层的客户，坦诚开放首先意味着信任，相信员工的良知，相信绝大部分人的初心，只有这样才能做到坦诚公开、真诚相待。

除了氛围的营造，金蝶也设计了一整套制度，为员工的工作生活提供全方位的关怀关爱。为了帮助新员工快速融入公司，金蝶设立了导师制，为每位新入职员工配备导师，在工作、生活、职业发展等方面提供全方位的引导和帮助。担任导师的通常为资深员工或经理人，高度认同公司文化并有丰富的专业经验。这一制度的运行，为新员工提供了及时雨般的帮助，让他们入职之初就能感受公司的温暖，正如一位新员工在入职不久的一封家书中所写：

> 在进入金蝶园区大门时，陌生感和好奇心充斥我整个身体。但领导的热情、导师的用心以及每位同事的友好，让我充满防备的心悄然打开。进入金蝶才三天，但我学到的知识和积累的

友情都是丰富的。好像我曾经来过这里，可能是在梦里。希望自己和所有同事在未来的日子携手共进，营造一个更富热情和团结友爱的团队。

金蝶还高度重视员工的身心健康，打造了很多品牌文化活动，满足员工各方面需求。"健康 K 计划"就是金蝶近几年培育的运动品牌活动，公司鼓励员工以部门、协会等为单位参加集体运动，并将运动成果折算为公里数，完成相应的公里数即可兑换成"奋斗金"。这种激励方式不仅鼓励员工通过运动健康身心，而且更有利于激发部门的团队凝聚力。

金蝶鼓励员工成立各种兴趣协会，由公司提供资金支持开展活动。这些协会涵盖足球、篮球、羽毛球、乒乓球、跑步、赛艇、桌游、瑜伽、舞蹈、音乐等各种常见运动，且很多协会每年都会举办联赛活动。在这些协会中，最有特色的是赛艇协会。徐少春常常讲自己人生的三件事：云计算，是事业；划赛艇，是兴趣；致良知，是信仰。在公司的支持下，金蝶许多员工都投身到这项集运动健康、身体协调和团队协作于一体的活动，公司在运动区还专门配备了划船机供爱好者进行日常训练，协会还经常组织进行实地的水上赛艇练习，并多次参加各种比赛。参加这一运动的不仅有普通员工，还有很多公司高管，不仅是运动健康文化的体现，也是金蝶没有家长的大家文化的生动展示。现在，运动文化在金蝶已经深入人心，也被列为金蝶的三大文化之一（另外两大文化分别是创新文化和良知文化），成为一大特色。金蝶始终关心员工健康，除了每年的健康体检外，还在园区开设了健康服务中心，金蝶员工可以在园区问诊，园区还提供丰富的理疗服务。

为了营造浓郁的家文化，关爱员工生活，金蝶每年都会举办多场形式各异的文化活动。每年春节前的员工大会都是一年一度的公司盛典，获得公司年度优秀奖励的员工盛装出席，领取属于他们的荣耀，公司则会送出丰富的抽奖和红包礼品，让全体金蝶人参与狂欢。此外还有司庆、迎新节、家庭日等金蝶特色节日，有的与伙伴同欢，有的与家人共享，让奋斗者中的金蝶人倍感关爱与温暖。同时为了解决公司男女单身青年婚恋需求，金蝶每年还支持举办云派对，不仅邀请公司单身男女参加，还开放给客户公司开展联谊，深受公司年轻人的欢迎。

在金蝶，"金蝶家人"是一个专属称谓，特指金蝶员工的家属，金蝶浓厚的家文化也集中体现在对员工家人的关爱上。金蝶始终认为，公司每一个成绩的取得，不仅是金蝶员工拼搏奋斗的结果，背后也凝聚着金蝶家人的默默支持。一位金蝶的运维人员在内部分享了自己的暖心故事："每次很晚回家，不管几点，我们家的客厅跟厕所的灯一直都是亮的。我问老婆为什么，她说你们公司天天在学致良知，我也是对你致良知，难道你没听过《相亲相爱一家人》这首歌么，'我喜欢，一回家就有暖洋洋的灯光在等待'，虽然我们都睡了，但是让你能感到我们都在等你回家呀。"最朴实的话语，饱含着金蝶家人最深的情感。

为了感谢金蝶家人的付出，2018年员工大会上，徐少春宣布金蝶要给员工父母发红包。在当年春节前的农历腊月二十三，孝心红包伴随着金蝶的祝福一起送出，许多收到红包的父母倍感温暖，一位金蝶员工的父亲说：

> 今天收到一份惊喜，应该是你公司送来的。请转达对公司的感谢，这份温暖让我感受到了公司对员工及员工家庭的关爱，我们难以用语言表达感激之情，只能让你将这份感激之情化作努力的工作。

对员工来说，最好的关爱是成就职业梦想。金蝶哲学中也有关于员工关怀的内容："关心员工的事业、理想、追求，多沟通多引导，把思想统一到有利于员工的成长上来，给予员工信心和力量，激发其潜能，成就其梦想"。早在金蝶创业初期的1997年，金蝶就进行了第一次面向员工的股权分配。此后，对员工进行股权或者期权激励成为人力资源的基本政策。2018年，适逢金蝶成立25周年，徐少春宣布为每个员工发放888股金蝶股票。

奋斗最美，绝不亏待奋斗者。为了打造奋斗者文化，金蝶每年都会投入大量资金奖励优秀，鼓励"高绩效、高成长、高心性"，让优秀人才脱颖而出。其中最让津津乐道的，就是金蝶的"杰出创新奖"。从2016年开始，金蝶将"杰出创新奖"得主的奖励升级为深圳湾海景智能房一套，获奖者可以无偿获得该房屋20年的使用权。

人生真正的成长是心灵的成长，金蝶的奋斗者哲学尤其强调要在心上用功。"以奋斗者为本，长期坚持明心净心。"所谓明心，就是相信内心有无尽的宝藏，相信行为作用与反作用，只要在因上用功，结果自然会来；所谓净心，就是持久深入地通过观照、反省、引导，净化心灵，去除心中的贪欲，更好地开发心中宝藏。如何才能做到明心净心呢？王阳明曾谈到致良知的功夫，"人须在事上磨练，做功夫，乃有益。若只好静，遇事便乱，终无长进"。这一主张经常被概括为"心上用功，事上磨练"，也是很多金蝶人的座右铭。

徐少春曾经说过："企业即道场，良知即资本"，工作既是一份职业，更是一场修行，金蝶的家文化不仅强调对员工身心健康、职业发展的关怀，更重要的是为员工搭建实现梦想的舞台，助力他们实现心灵的成长。能够实现员工个人价值、成就员工梦想的公司，才可能获得员工的认可、忠诚和投入，而这也是金蝶最为宝贵的资产，是其应对所有外部挑战、实现韧性变革与增长的根本力量。

在金蝶，企业文化的定位经常被概括为 6 个字："辅战略，合人心"。文化的力量就在于，通过对人心的影响，对员工行为的塑造，帮助战略的落地和目标达成。归根结底，文化的意义在于让员工明确"成为什么样的人"。王阳明在《教条示龙场诸生》一文中，曾阐述了心学四规：立志、勤学、改过、责善，并以立志为首。所谓立志，并非树立怎样具体的人生目标，而是立志要成为怎样的人。在我对徐少春的访谈中，他多次强调，金蝶文化追求的最终目的就是要让每个人都能成为一个更好的自己："立志成为一个什么样的人，而不是说我要完成多少业绩，我要干什么事。大家有缘来到金蝶，我们终极的目标是要做一个更好的人，至少是一个君子，或者说我们是朝向圣贤的一名君子。金蝶的使命暗含了这样一个追求。"

深度对话：金蝶文化的"变"与"不变"

曹仰锋： 对于一家已有 30 年发展历史的企业来说，培养既具有一致性又有灵活性的企业文化是非常不容易的，您认为在过去 30 年里，金蝶的文化发生了哪些变化？还有哪些文化特征从创业以来一直没有变过？

徐少春： 金蝶的文化随着公司的三次转型，也有三次进化。在刚开始创业的第一个阶段，我们的核心价值观是"诚忠、诚信、诚实，敢想、敢干、敢当"。那个时候初生牛犊不畏虎，深圳特区的文化也是敢为天下先。"诚忠、诚信、诚实"其实表达的就是一个真诚，"敢想、敢干、敢当"表达的就是一个敢为。这个文化理念比较直接、比较简单，也推动了公司早期的发展，早期公司发展速度非常快，那个时候产品线也单一，就是财务管理软件。

2001 年到 2011 年，公司进入第二个成长阶段，核心产品也从财务管理软件转型为 ERP 产品，我们的价值观变为"爱心、诚信、创新"，这个阶段金蝶往 ERP 方向转型，产品线更宽了，有 KIS、K/3，后来也开发出了 EAS。这一阶段讲"爱心、诚信、创新"，其实与"诚忠、诚信、诚实"的道理是一样的，把"敢想、敢干、敢当"浓缩到创新里面去了，变得更简洁了，强调我们还是要回到创业的初心。

曹仰锋： 我发现金蝶第三次修改的核心价值观带有明显的中国传统文化的特征，这是什么原因？

徐少春：　2011 年，我参加了施振荣先生和陈明哲博士创办的"王道薪传班"。我从 2006 年开始探索中国管理模式，2008 年发起"中国管理模式杰出奖"，突然有一天看到"王道薪传班"的介绍资料，我觉得这个很有意思，就报名参加了这个班。施振荣他们所讲的王道实际上源于孟子的思想，孟子有一句话叫"以力假仁者霸，以德行仁者王"，讲的就是王道，其实它的本质是利他。我在第二阶段的创业过程当中，也开始看《二十四史》，看中国文化的演进。其实说白了，随着年龄的增长，我在探寻生命的本质，就是到底我们人是从何而来的，我们的中华文化是怎么演进的，就开始比较多地看历史书。我发现王道的思想，与我倡导的中国管理模式特别吻合。从"王道薪传班"学习回来以后，我就把金蝶的核心价值观改成了"走正道、行王道"。

曹仰锋：　看来参加"王道薪传班"在金蝶文化变革史上是一次重大事件，它直接促成了您修订金蝶的核心价值观。

徐少春：　是的。之所以把金蝶的价值观改成"走正道、行王道"，还是源自这么多年我一直在探索中国管理模式的本质，看到了王道以后，我发现中国管理模式的本质就是王道啊。我记得 2011 年，我们在广州召开中国管理全球论坛，大会发表了一个宣言书，里面谈道："三十年的飞速生长，催生了经济奇迹，同时也导致环境的破坏和道德的滑坡。今天，我们的精神匮乏与三十年前的物质匮乏一样令人心痛。世界正处于大发展大变革大调整的时代，我们渴望着一种新的商业文明！"其实在 2011 年的时候，我是觉得过快发展导致对环境的破坏和道德的滑坡，其实是比较严重的。所以我们就发出来一个企业家倡议书，我也更加坚定了要"走正道、行王道"。

曹仰锋： 后来，为什么又在"走正道、行王道"前面加上了"致良知"三个字呢？

徐少春： 2016 年，我们在"走正道、行王道"的基础上加了"致良知"，为什么呢？提出"走正道、行王道"以后，我的内心知道什么是正道和王道，遵纪守法就是正道，利他就是王道，搞歪门邪道就不是正道，我的内心深处有这种认识，但是我们的员工对"走正道、行王道"理解不透，什么是道、什么是正道、什么是王道，也不容易解释。2016 年一次偶然的机会，我和几位企业家去贵州龙场，看了阳明先生纪念堂，了解了他的一些事迹，也到了阳明先生悟道的地方，我的内心受到很大的震撼。2016 年 6 月，我带着 42 名高管又再次回到贵州龙场拜谒阳明先生，立下了此生光明之志，发愿建立一个强大的金蝶生态系统，让中国管理模式在全球崛起。

曹仰锋： 当时在阳明先生贵州龙场悟道的地方您受到什么特别的启发？

徐少春： 当时我印象特别深刻的一个地方是玩易窝，我下去静思了 10 分钟。在那个狭小、潮湿、昏暗的山洞里阳明先生悟到了道，他问了一句话："圣人处此，更有何道？"阳明先生后来有惊天一悟，就是悟到了"圣人之道，吾性自足"，原来每个人都有一颗圣人之心！就是在那个地方，我进去的时候是蹲在下面的，起来的时候撞到了头，狠狠地疼了一下，我感觉就在那一刹那，似乎跟阳明先生有了一次亲密的接触，感觉理解了他在命悬一线、生命到了绝境时悟到了"圣人之道，吾性自足"。其实说白了，天理就是良知，道就是心中的良知。

曹仰锋： 从贵州龙场回到公司之后，您就开始思考要调整金蝶的核心价值观了吗？

徐少春： 是的。2016 年 7 月中旬，公司召开中期经营会议，我就把公司的价值观在前面增加了"致良知"三个字。什么是道？道在哪里？道就是我们心中的良知，我们启用良知、达至良知，就能找到道，当然就能"走正道、行王道"。所以"致良知"就是找到这个根了，找到了本质。换句话说，"走正道、行王道"这几个字不要了，"致良知"三个字就可以了，但为了文化的延续性，我们还是保留了"致良知、走正道、行王道"。

曹仰锋： 30 年来，金蝶文化中有哪些是一直未变的？

徐少春： 过去的 30 年，金蝶的文化在不断升级、换代，从"诚忠、诚信、诚实，敢想、敢干、敢当"到"爱心、诚信、创新"，再到"走正道、行王道"，以及现在的"致良知、走正道、行王道"，这个过程都是因为"诚"——我们的真诚。"敢想、敢干、敢当"加上"创新",是我们的一种力量,这种力量是从我们内心而来的。所以不断的升级换代,其实是出发、出发、再出发,然后又回到了我们的初心,这份初心就是真诚、质朴、纯粹、感恩。

曹仰锋: 文化对战略的影响有两面性,企业文化既可能会推动变革,也可能会阻碍战略变革,所以我经常说,企业光有文化不行,一定得有健康的文化,只有健康的文化才能推动企业变革。在总结金蝶转型的经验时,您曾经提出了一个金蝶转型金字塔模型,在这个模型中文化转型在金字塔的最顶端。在金蝶过去30年的转型过程中,您认为文化转型对战略变革发挥了哪些积极的作用?

徐少春: 这么多年来,我本人还有我们的干部和员工,做出了许多次选择,其实每一次选择都代表了一种价值观的选择,或者说是内心的一种呈现。我们每一个选择、每一次决策所体现出来的价值观,就是文化的呈现。所以文化起到的第一个作用,就是领导者率先垂范,员工因此就有了榜样。当然,如果领导者做出了不符合价值观的选择,那我们群众的眼睛是雪亮的,可以看出来,所以从这个意义上来讲,我觉得文化指引了我们全体员工行动的方向,或者说它是行动的指南。当一个人展现人性光辉的时候,他就会给别人传递一种温暖、阳光和力量,所以文化的第二个作用是可以激发团队协同的力量,会让彼此凝聚起来,更加团结、更加紧密、更加有力。文化其实和战略的变革有非常大的关系，它是人内在的一种驱动力。

曹仰锋： 从金蝶的变革历程来看，最艰难的时期是 2012 年到 2016 年，在这期间金蝶引入了致良知文化，您觉得致良知文化对金蝶走出这次转型的低谷发挥了哪些特殊的作用？

徐少春： 我们公司是在 2016 年开始导入致良知文化。它产生的第一个作用，就是让我们这样一个有 20 多年历史，已经开始呈现出疲态的公司，重新焕发了生机。我们发现每个人的内心都蕴藏着巨大的能量，过去我们把自己活小了，没把它挖掘出来。所以，从这个意义上来讲，致良知激发了大家的潜能。它产生的第二个作用，就是大家更加真诚。在我们的日常工作当中，骗人是没有用的，也骗不了谁，因为我们每个人的心是清澈透明的，所以我们不要互相欺骗，真诚是我们最好的或者说是我们唯一的工作指导原则。我们在工作中彼此真诚，这个非常非常重要。

曹仰锋： 致良知是否还有其他的作用？

徐少春： 还有一个就是让大家开始思考生命的意义，我们在金蝶的工作不仅是一份工作，更是在为社会创造价值，为行业创造价值，为国家做出贡献。当把这个"小我"或多或少放下一些时，一个更大的"大我"开始呈现，这提升了我们团队的境界和格局。

曹仰锋： 您是否记得在转型中遇到的最大挑战是什么？

徐少春： 我记得在 2012 年的时候，当时金蝶转型遇到非常大的挑战，压力比较大，我经常叩问自己未来到底何去何从。金蝶当时有 11000 多人，制定的战略目标是往咨询解决方案的方向走。后来，我们调转方向，往云服务方向走，其实是回到了产品型公司。转型方向发生了变化，涉及业务调整，就需要裁减人员，我们一下子从 11000 多人减到 8000 多人，一两年之内发生这么大的变化，对整个公司的士气产生了负面影响。

曹仰锋： 这么大的挑战，您是如何解决的呢？

徐少春： 当时，我感觉到很艰难，我们到底应该怎么办呢？难道我们就这样垮下去吗？我在内心告诉自己，金蝶不能就这样垮下去。在那段时间，我一直反复叩问自己，最后悟到了"三个坚持"：坚持信念、坚持信任、坚持行动。坚持信念，就是我们相信软件这个行业具有无比广阔的前景，相信我们有这个力量能够扭转这个困境，克服这个挑战。坚持信任，就是相信跟我一起创业这么久的同事。在坚持信念、坚持信任的基础上，我们要坚持行动，要采取措施，走出困境。其实，这三个"坚持"是面对艰难和身处绝境时，我从内心深处生发出来的一种力量，后来金蝶的干部再遇到挑战就会不约而同地引用这三个"坚持"。

曹仰锋： 这算是一次悟道吗？

徐少春： 这算是我人生道路上的第一次悟道吧，但还不能说真正悟到了道，但已经接近了。这次挑战也给后来的致良知、以心为本的文化奠定了一个基础。2016 年，转型到了关键时刻，机缘巧合我们就找到了致良知。其实良知就是道，找到了这个道。从那个时候开始我就更加强调心的重要性，事后我也认识到中华文化的核心密码就是心。中华文化力量的源泉就是每一个人的这颗心。所以"致良知、走正道、行王道"的文化，本质上就是一个以心为本的文化。

曹仰锋： 我们谈得更多的是以人为本，现在您提出以心为本，它的内涵是什么？

徐少春： 我觉得以心为本更加强调或者揭示了文化的本质和根源。讲以人为本也没有错，但是人的力量又来自哪里呢？我认为是来自每个人的内心，所以，以心为本其实触及了一个人的灵魂，触及了所有人的灵魂。如果只谈以人为本，可能常常是云里雾里谈很多人行为的表象，不能触及我们内心的本质。以心为本能够触及人的本质。

曹仰锋： 从 2016 年到现在，已经有 7 年的时间，致良知给您本人带来的最大变化是什么？您有哪些收获？

徐少春： 就我本人的变化，其实是让我变得更加不会因为事物的变化而影响自己的心。可能外面有许多飘忽不定的东西，但我的内心是笃定的，不会随随便便喜形于色，也不会轻易变得焦虑不安。还有，就是对员工、对同事、对他人更有一颗爱心，因为我们大家都是兄弟姐妹，都是同胞。其实我们所有的人都应该奉献这颗爱心、慈悲心、同情心、同理心。

曹仰锋： 您本人一直在金蝶内部推广致良知的学习，肯定也是希望所有人都能找到生命的意义。这个过程是非常不容易的，有些年轻人还不一定认同。在致良知的推广过程中，有没有遇到过一些挑战？金蝶员工的行为或者心理上有没有发生一些改变？

徐少春： 变化还是有的。金蝶员工普遍有一个特点，就是真诚、正直，这是第一个变化。第二个变化，也是我们倡导的，就是大家在不断精益求精，变得更加专业了。虽然我们的专业程度有些还需要提升，但整体对专业这件事大家变得更加重视，专业的程度也有所提高。比如说华为的全球人力资源系统，这么复杂的一套系统，我们也能够帮它做好，这其实就是专业能力的体现。另外，我觉得金蝶的员工也更加自信了，因为大家都知道良知就是我们的那颗初心，一切从良知出发，就会很从容和淡定，员工的自信心也会有所提升。真诚、专业、自信，这也是我特别强调员工要不断提高心性的三个重要方面。

曹仰锋： 在推广致良知文化的过程中有没有听到过员工的抱怨？

徐少春： 这个过程中可能有些人有抱怨，我更多的还是鼓励那些积极学习的人，久而久之，那些有抱怨、不积极的员工也会有变化，因为我相信我们每一个人学习致良知是真正对自己好，公司不是害你，是对你好，是想告诉你怎么做好一个更好的自己，这是一份爱心。我相信任何一个人都不会拒绝别人真诚地对他好。我们真诚地对员工好，久而久之他也会感受到，所以我没有采取暴风骤雨式的方式，而是用了潜移默化、润物无声的这种方式。我们学习传统文

化，写心得家书，一起座谈，都是比较温和的形式，表现
出了非常大的包容。

曹仰锋： 2019 年，金蝶开始提出自己的哲学体系，而且不断升级，
已经从 1.0 升级到现在的 4.0，构建这套哲学体系的目的是
什么？

徐少春： 当公司有了核心价值观，后面就要去贯彻落实，在落实过
程中就会有很多场景，这就需要把价值观具体化，最好能
够把它具体到一些基本原则和指导原则，当员工遇到相应
场景的时候，就能够对照这些行为原则。金蝶哲学就是这
样一份手册，它有基本原理，也有指导原则。我们针对金
蝶的八个利益相关方，都提炼了一句具体的行为指导原
则。比如客户，我们提出了"以客户为中心，长期坚持专
业主义"；对员工，提出了"以奋斗者为本，长期坚持明
心净心"；对生态伙伴，提出了"风雨同舟，共创共赢"。
对于任何一个利益相关者，我们都有一条这样的原则。

曹仰锋： 这些原则执行起来也不容易，是否有更细致的行为准则？

徐少春： 有的。我们把这些指导原则细化到不同的场景，比如，"以
客户为中心"这个维度就体现为五个"更好"：更好的产
品、更好的生态、更好的交付、更好的服务、更好的口碑。
针对五个"更好"中的每一个维度都有具体的指导原则。
比如，我们将更好的产品与相关岗位结合起来，包括规
划、设计、开发、运维等，再将岗位上的工作场景进行细
分。比如，针对开发岗位的行为准则，我们划分了四个不

同的等级，作为一名开发岗的员工，就可以知道在什么样的场景下应该做出什么样的选择。

曹仰锋： 针对每一个岗位都列出来行为准则，这需要花费大量的时间和精力吧？

徐少春： 是的。金蝶哲学我们花费了大量的时间和心血，把这些指导原则都写了出来，某种意义上这也是我们内心的一种呈现，是我们在起心动念处用了功，再体现在这些指导原则和基本原则上面，这些原则就是公司倡导的一种道行的标准。所以员工学习和遵守金蝶哲学，我把它称为"在道上用功"。在道上用功，那就必然成功啊。所以从这个意义上讲，虽然每一个员工的心性可能不同，参差不齐，但是，我们用统一的道行要求定义了这些标准，我们的员工就会向它靠拢，它的作用在这个地方。我认为，文化的落地其实很难，金蝶哲学这个体系就是让大家把可以观测到、感知到的行为具体呈现出来，也便于大家在工作当中去应用，这也体现了知行合一。

曹仰锋： 金蝶成立30周年的口号叫"从心出发，世界一流"，未来的金蝶一定是一家更加国际化的企业。随着员工越来越多、越来越多元化、国际化，您认为"致良知、走正道、行王道"这种非常带有中国传统文化特征的表述有没有普适性？是否有升级的必要？

徐少春： 其实致良知，或者说以心为本，对世界上所有人都是普适的。中国人要致良知，外国人也要致良知。只不过致良知这个表达对于外国人来说，理解上可能有困难，但我们定义它的本质其实就是以心为本，我相信外国人也是能够理解的。所以，我倒不担心"致良知、走正道、行王道"在跨文化场景中的适用性。比如，对于一名外国员工，他可能不太好理解这九个字，但金蝶哲学都是以行为准则来描述的，这是容易理解和执行的。只不过是针对外国的员工，我们需要多花点心思去跟他们解释沟通，让他们理解和明白价值观的含义。

曹仰锋：　现在，金蝶的云转型已经取得了非常好的成果，基本实现了转型当初设定的基本目标。我看了金蝶未来的十年战略规划，是致力于成为世界一流的企业，您觉得金蝶的文化建设工作还需要在哪些方面加强？

徐少春：　金蝶的价值观"致良知、走正道、行王道"，除了在金蝶大厦 A 栋大堂的背景墙上有展示之外，未来在金蝶云大厦下面的底座上，我们也会刻上。所以在我的心中，"致良知、走正道、行王道"这个不会变，也就是说"以心为本"的本质不会变，但它的应用可以有很多的变化。比如，我们的一些场景故事要挖掘得更多。另外，我们要用国际化的语言来描述，比如要用英文来描述。当然，我们的金蝶文化还要升级换代，因为我们对自我的认知，特别是对"心"的了解还在不断进步。随着这种认知水平不断提升，我们的金蝶哲学也要不断地升级。

曹仰锋：　您一直特别强调明心净心，对自己的要求也是非常严格的，非常自律，您本人现在有没有一个固定的时间或者方式跟自己对话？

徐少春： 现在我每天都坚持学习传统文化，还写心得。另外，我随时随地会与自己对话，而不是非要坐下来才能跟自己对话。比如在出差时，走路的时候我会与自己对话，也会常常默念警示语，就像修行念的"密咒"一样，时刻提醒和警醒自己。修行在任何时候任何地方都可以进行。

曹仰锋： 文化本身有两个特点：一致性和动态性。"致良知、走正道、行王道"就是金蝶文化的底座，它可以保持一致性；动态性就是说它具体的展现形式要场景化，金蝶哲学的不断迭代升级就体现出动态性，在不同时期、不同场景当中灵活应用，这就形成了文化演变过程中一致性和动态性的平衡。如果其他企业想从金蝶文化建设方面学习一些经验，您有哪些好的建议？

徐少春： 第一，作为一个企业家，要不断提升自己的境界和格局，不断自我修行，不断放下小我、成就大我，让自己的心灵品质不断提升，我觉得这是最重要的。一旦企业领导者停止了自我修行，他的企业文化要想再进步就很难了。第二，企业文化建设是一把手工程，企业家必须亲力亲为，不要放过任何一个细节。在我看来，企业文化所有的事都是大事。第三，企业文化需要领导者自我践行，树立榜样、率先垂范是非常非常重要的。领导者不能"说一套、做一套"，言行不一致，那这个文化根本就落不了地。第四，企业文化要调动每一名员工的积极性，让他们参与进来一起建设，大家共同发展。企业文化虽然是一把手工程，但离开了员工的热情，离开了他们全身心地共同参与建设，企业文化也很难实施，很难成气候。

第 7 章

数字时代：再论核心竞争力

核心竞争力：竞争优势的基石

当下，我们正快速进入数字经济的新时代，数字经济被视为"继农业经济、工业经济之后的主要经济形态，是以数据资源为关键要素，以现代信息网络为主要载体，以信息通信技术融合应用、全要素数字化转型为重要推动力，促进公平与效率更加统一的新经济形态"。这一定义不仅明确地界定了数字经济在经济发展过程中的历史地位，而且全面地指出了数字经济所包含的核心要素。未来，数字经济将成为"推动生产方式、生活方式和治理方式深刻变革，成为重组全球要素资源、重塑全球经济结构、改变全球竞争格局的关键力量"。[39]

毋庸置疑，经济方式会对企业的战略和发展模式产生深刻影响，在数字经济浪潮的推动下，传统企业亟须向数治企业转型，重塑企业的战略模式、运营模式和管理模式，进而利用数字来治理企业。然而，企业转型是一个系统工程，牵一发而动全身，从金蝶韧性变革的案例中我们可以看出，传统企业需要在战略、组织、人才、技术、文化等多方面进行全面转型，才能够在数字经济时代重塑核心竞争优势。

在这一章，我将进一步拓展韧性变革实践模型的普适性，在金蝶变革案例的基础上，增加更多的案例来诠释这个模型对企业在数字经济时代重塑竞争优势的意义和价值。我将从核心竞争力的视角来解释当下企业在塑造竞争优势中所遇到的挑战，一个基本的结论是，核心竞争力是企业获取竞争优势的源泉。然而，传统的核心竞争力理论已经难以指导企业在数字经济时代获得竞争优势。我将首先阐述传统核心竞争力理论在数字经济时代的局限性，在此基础上提出一个新的核心竞争力框架，这一新的框架可以更好地指导企业应对数字经济的挑战，化危为机，重塑竞争优势。

让我们首先来了解一下核心竞争力（core competence）这一概念的来源。1990 年，普拉哈拉德（C.K. Prahalad）和加里·哈默尔（Gary Hamel）两位学者在《哈佛商业评论》上发表文章，将核心竞争力定义为组织内的集体学习能力，尤其是如何协调各种生产技能并且把多种技术整合在一起的能力。核心竞争力有三个主要的作用：首先，核心竞争力能够为公司进入多个市场提供方便；其次，核心竞争力应当对最终产品为客户带来的可感知价值有重大贡献；最后，核心竞争力应当是竞争对手难以模仿的。如果核心竞争力是各项技术和生产技能的复杂的融合，那么这项能力就难以被竞争对手模仿。[40]

从核心竞争力的定义中，我们可以看出这一理论坚持的是技术导向，其基本逻辑是，核心技术可以生产出骨干产品，骨干产品可以衍生出适合多个市场需求的终端产品，从而实现产品—市场之间的匹配，并因此给企业带来竞争优势。对于奉行产品战略的企业而言，其战略目标是在某个具体类别的产品功能的设计和开发方面谋取市场领先地位，并力图使核心产品在市场上的销售份额达到最大，这就需要企业塑造强大的核心竞争力。客观地讲，对于奉行以产品制胜的企业而言，我认为传统的核心竞争力依然有重要的价值，它仍是产品型企业竞争优势的重要来源。

然而，在数字经济时代，传统的核心竞争力理论有两大明显的局限性。

第一，越来越多的大型企业在战略上开始从产品型企业转型为平台生态型企业，这一战略不仅帮助它们不断突破成长困境，而且帮助它们在数字经济时代获得巨大的竞争优势。产品战略的核心工具是"产品—市场"组合定位，这种方法针对的是明确的市场和明确的产品，核心竞争力理论的核心思想是有效的战略必须围绕着能够明确"产品—市场"组合的核心竞争力而展开。显然，以核心技术为基础的核心竞争力已经不能有效支撑平台生态企业所实施的生态战略了。比如，与生态战略相匹配的是平台能力，数字化和智能化的平台成为生态型企业的基础设施，所以，平台生态型企业都不遗余力地在人工智能、云计算、区块链、大数据、物联网等最新技术上投下巨资，用于构建生态系统的平台能力，它是平台生态企业获得竞争优势的重要基础。[41]

第二，数字化革命为商业世界带来了极大的不确定性和不稳定性，在数字世界里，企业要想获得竞争优势需要做出持续的改变，快速感知与响应市场的变化，通过不断调整和适应来应对不确定性和不稳定性。与传统的实体产品不同，数字产品更新换代极为迅速，只有那些真正能够不断改变产品、服务和公司整体业务模式的企业，才能在面对不确定性时迅速适应新的市场变革。[42] 在感知与响应模式中，强调的是技术的快速革新与快速迭代，而传统的核心竞争力理论强调的是技术的持久性，认为技术的持久性和稳定性可以给企业塑造竞争壁垒，从而形成长期的竞争优势。在数字经济时代，过于强调技术持久性与稳定性反而会导致企业核心竞争力的僵硬性，当面对外部市场快速变化以及新技术快速革新的挑战时，这种核心竞争力的僵硬性恰恰成为企业变革的绊脚石。

基于对多家企业韧性变革案例的研究，我对核心竞争力的边界和范围进行了拓展，将数字时代的企业核心竞争力视为一个包含三项核心能力的组合，它们分别是敏捷能力（agile capabilities）、探索能力（exploratory capabilities）和数字能力（digital capabilities），我将这一组合称为 AED 核心竞争力模型（如图 7-1 所示）。

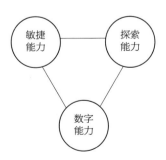

图 7-1　AED 核心竞争力模型

AED 核心竞争力模型是一个倒三角结构，它显示了这三种能力之间的关系，强调数字能力是敏捷能力和探索能力的底座。企业利用敏捷能力快速地感知与响应当下技术与市场的变化，通过渐进式的创新，以现有"产品—市场"的匹配来获得竞争优势；企业以探索能力快速地感知与响应未来技术与市场的变化，通过颠覆式的创新，以未来"产品—市场"的匹配来获得新的竞争优势。

接下来，我将结合案例分别阐述敏捷能力、探索能力、数字能力的内涵，并为企业如何塑造这三种核心能力提供具体的建议。

利用敏捷能力"以变制变"

危机是检验企业是否具有韧性的试金石，如果企业能够抵御危机的冲击，并快速复原，则说明企业具有较强的韧性。韧性强的企业常常拥有强大的敏捷能力，这样的企业能够快速识别并应对外部环境的变化，灵活调整组织内部的结构、流程与机制，快速解决危机中出现的问题，并能够通过产品的迭代创新满足客户的需求。简言之，敏捷能力让企业能够在多变的环境中灵活应对，以变制变，在变化的环境中及时调整策略，实现变中求胜。

从金蝶韧性变革的历程来看，它一直利用敏捷能力来提升"产品—市场"的匹配能力，从而在产品上获得了领先优势。比如，在早期的财务管理软件成长阶段，金蝶敏锐地感知到企业对财务共享的新需求，并及时采取行动响应了客户的需求，快速将分散的财务核算模式升级为财务共享模式，较早推出了财务共享解决方案；在 ERP 软件成长阶段，金蝶感知到大而全的 ERP 系统不仅给企业信息化带来了非常繁重的工作，而且导致了信息资源的巨大浪费，有些 ERP 功能企业根本用不上，为了及时响应客户的需求，金蝶率先推出了个性化 ERP，为企业定制符合自身需求的 ERP 解决方案；在 SaaS 软件成长阶段，客户对软件功能更新的速度要求进一步加快，金蝶适应了这种变化，也加大了与客户的互动，及时发现并响应客户的需求，快速升级 SaaS 软件产品的版本，时时更新产品的功能。

小米将用户参与视为提升企业敏捷能力的核心理念，小米的创始人雷军提出要"把用户当朋友"。他设想的小米公司就像是一个小餐馆一样，能让用户时时参与进来，而每个能够参与的用户都是朋友。雷军认为，将用户当成朋友的方式，才是小米可以长期持续发展的方式。小米的研发人员利用米聊等沟通工具与用户直接互动，及时感知和觉察用户的需求。公司倡导与用户零距离，利用用户论坛等各种途径直接连接用户，鼓励用户提供产品建议，甚至深度参与产品的开发，从而帮助小米及时更新产品功能，实现"产品—市场"的快速匹配。这就形成了小米独特的感知响应模式：通过和用户互动来做好产品，靠用户的口碑来做传播和营销。[43]

和金蝶、小米一样，传统制造企业海尔近几年来也一直利用与用户的互动来提升企业产品的适应能力。为了能够及时与用户互动，海尔几年前就把产品的名称由"电器"改成了"网器"，前者是机械类产品，后者是智能产品。智能产品可以时时与用户互联，搜集用户的消费行为数据和反馈意见。海尔还提出不再生产不与用户交互的产品，换言之，海尔的策略是让用户参加产品的改进，与用户进行价值共创。我在海尔调研时，发现海尔现在的冰箱、洗衣机等产品的功能更新速度特别快，其主要原因就是海尔的研发人员可以利用数据平台与用户进行时时互动，快速感知并响应用户的需求，并据此为用户定制个性化的产品。

越来越多的企业开始将敏捷能力视为一种新的核心竞争力，并从战略的高度来思考如何在企业内部塑造敏捷能力。根据我对一些领先企业的研究，企业要想塑造强大的敏捷能力需要在以下三个方面下功夫。

第一，企业需要建立直连用户的能力，因为只有企业能够直连用户才能够及时感知用户的诉求，深度发掘和及时响应用户的需求，进而寻找新的增长点。比如，在受新冠疫情影响严重的 2022 年，上汽大众汽车销售数量实现了增长，这和大众企业最近几年践行直连用户的策略相关。为了能够更好地连接用户，与用户互动，上海大众针对 ID 电动车成立了线下的 ID. 交付中心，用户可在一天内完成验车、付款、装潢、临牌上牌等手续，最快一个半小时便可提车。同时，上汽大众还将"上汽大众超级 App"打造成为线上直连用户的平台，在平台上构建了多个车主俱乐部，并为用户设计了各种各样的线上线下活动，时时与用户保持互动。[44]

第二，持续推动组织变革，让组织更加扁平化，甚至去中心化。企业内部的组织层级越多，外部市场环境变化的信息越难以在企业内部进行传递，而且更容易导致信息的失真，从而弱化企业快速决策和反应的能力。比如，为了能够实现与用户的更亲密接触，上汽大众深度变革了企业的组织结构，组建了直连用户的前台机构，由前台机构负责新产品全生命周期的统一化运营，并优化了相关组织流程，以更加敏捷地与用户进行互动。海尔从 2005 年开始推行"人单合一"模式，其中坚持的一个重要原则是与用户零距离，不断压缩组织层级，打破组织内外部边界。如今，海尔的组织体系已经变革为由敏捷前台、共享中台和基础后台所形成的平台型组织结构。

第三，建立鼓励和支持微创新的机制。由于数字技术的广泛应用，客户对产品功能的个性化需求越来越多，这就需要企业利用敏捷迭代的方式不断开发新的产品功能，以快速适应并满足客户需求的变化。为了实现产品功能的敏捷迭代，企业需要建立鼓励和支持微创新的机制以充分调动员工参与创新的积极性。企业不要低估微创新的效果，微创新是基于客户需求驱动的创新，一个个的小创新，积累起来就会形成大的竞争优势。许多卓越的企业正是通过对产品功能和质量的持续改进，适应了市场环境的变化，降低了成本，延续了现有产品在市场上的竞争优势，并逐步形成了竞争壁垒。

利用探索能力"以不变应万变"

企业的成长是一个不断适应环境变化而持续进化的过程，在进化的过程中，外部环境的不可预测性既充满危险又带来机遇，成功的企业常常把不可预测性视为推动创新的动力之源。正如《黑天鹅》一书的作者纳西姆·尼古拉斯·塔勒布所说的：最成功的企业是那些懂得接受事物内在的不可预测性并利用它的企业，这些企业懂得确保企业与持续变化的环境一起进化。[45]

然而，企业要想在高度动荡的环境中实现持续进化，仅仅有敏捷能力是不够的，还需要拥有探索能力，否则，当外部环境发生急剧变化时，企业就可能终止进化的过程。和敏捷能力不同，探索能力的目的是塑造企业在未来的竞争优势，因此，探索能力可以推动基于科技驱动的创新。一旦企业在某个核心技术领域取得重大突破，就可以利用技术壁垒形成竞争优势，以不变应万变，利用突破式创新来改变市场竞争的规则，从而实现战略引领，推动企业持续进化。我发现，企业的进化规律和大自然生物的进化规律非常相似，要想持续进化，企业和自然界的生物一样都需要敏捷能力和探索能力。

　　在美国加利福尼亚州沙漠腹地有一个被称为"死亡谷"的地方，这里海拔低，气温高，非常干旱，生存环境极其恶劣，几乎没有生物能够在这里生存，然而，令人惊奇的是，这里竟然生存着一种沙漠鱼，它们生活在一种叫作魔鬼洞的洞窟中。魔鬼洞日照较少，其底部有一处水域，水温常年维持在 33℃左右，这是大部分热带鱼类都难以忍受的温度，然而沙漠鱼却很好地适应了这里的环境。由于缺少阳光，沙漠鱼的生长速度慢，而且体型也较小。科学家们为了保护这种珍贵的鱼类，提高鱼的数量，甚至模拟了与魔鬼洞水源相似的生存环境，试图把沙漠鱼转移出去，但效果并不好，沙漠鱼不能适应科学家们营造的新环境。沙漠鱼拥有强大的适应能力在恶劣的环境中生存，但是它们并没有演化出在新的环境中生存下来的能力，如果外部生存环境稍微发生变化，这种鱼就会遭受灭顶之灾，这种"沙漠鱼现象"在动物界普遍存在，许多珍稀的动物都因为不能适应新的环境变化而灭绝了。

　　我在研究企业可持续增长的案例中，也发现了类似的"沙漠鱼现象"。一些企业拥有强大的敏捷能力，很好地适应了现有市场环境，在现有"产品—市场"中取得了强大的竞争优势，但是，当外部市场环境发生突变，企业却无法快速适应，无法利用新产品来适应新市场，其结果就像沙漠鱼一样，面临被环境淘汰的结局。对企业而言，探索能力是一种核心竞争力，它可以帮助企业开辟新的市场环境，利用突破式创新开发新产品和新的市场，提升"新产品—新市场"的匹配，从而获得新的竞争优势。

金蝶在其30年的变革过程中，有效利用了敏捷能力和探索能力来塑造竞争优势。比如，当金蝶创始人徐少春感知到Windows技术平台对未来财务管理软件可能产生的颠覆式影响时，便开始投入资源在公司内部进行探索式开发基于Windows技术平台的财务管理软件产品，这使得金蝶比其他国内竞争对手更早在国内推出了基于Windows技术平台的财务管理软件，在财务管理软件市场获得了先发优势。当基于Windows技术平台的财务管理软件产品日趋成熟时，金蝶开始探索基于Java技术的软件产品，并推出了可以跨平台应用的软件产品，拓宽了客户的应用场景，并再次在国内软件市场上实现引领。当国内的主要竞争对手都开发出基于跨平台的软件产品时，金蝶较早地开展了云平台产品的探索，并率先推出了基于云原生的苍穹平台，获得了先发优势。

拥有探索能力的企业一旦通过突破式创新开发出新的产品，就有可能重塑市场竞争环境，通过换道竞争实现快速增长。然而，对于一些在原有赛道上具有强大竞争优势的企业，在面对突破式创新带来的冲击时，实现换道竞争并不容易。比如，日本丰田汽车在传统燃油车市场上利用强大的敏捷能力，其潜心研发的混动系统将传统汽车的节油能力提升到竞争对手难以企及的水平，塑造了超级竞争优势。然而，在新能源汽车赛道上，丰田汽车却正在遭遇极大的挑战，前景黯淡。面对新能源技术对传统燃油汽车产业的冲击，丰田汽车并非无动于衷，而是将技术探索的方向压在了氢能源技术上，并在这一领域取得了相当大的成就，超过 60% 的氢能源技术和专利都掌握在丰田手里。但是，令丰田汽车始料未及的是，在特斯拉等新能源汽车企业的推动下，新能源汽车产业的发展方向是电动车，丰田汽车在技术探索上压错了宝，未能够成功实现换道竞争，这直接导致了丰田汽车人事上的"大地震"。2023 年 1 月，掌舵逾 13 年的丰田章男宣布卸任丰田汽车总裁和 CEO。[46]

　　新技术未来发展方向的模糊性给企业塑造探索能力带来了极大的不确定性，也导致了极高的成本，即使像丰田汽车这样的世界级企业也难免在探索的过程中遭遇困境。事实上，许多企业的前沿技术探索往往以失败告终，最终难逃被颠覆者淘汰出局的命运。企业领导者面临的决策难题是，如果不进行前沿技术探索，就难以在未来赢得竞争优势；如果对前沿技术进行积极探索，"明知山有虎，偏向虎山行"，则可能遭遇代价高昂的失败，甚至输掉整个公司的未来。

　　坦诚地说，没有人有能力给企业准备好锦囊妙计，助力企业在前沿技术探索的道路上一帆风顺，但是，如果企业能够遵循以下三个原则，则有可能提高探索成功的可能性。

　　第一，早决策，但要多路径探索。前沿技术的探索一旦成功，将为企业带来极大的先发优势。早决策通常会给企业赢得先机，但是，由于技术方向的不明确性，企业在早期的技术创新过程中往往需要面对多种选择，这就需要企业保持一定的技术开放性，允许进行多路径探索。比如，华为在早期研发 5G 技术的过程中就发现，实现目标的可能技术路径很多，但并不清楚哪一条技术路径能最终实现目标。因此，华为采取了多团队、多路径进行研究和探索，最终找到了实现目标的技术，而且华为发现最终找到的技术方向常常并不是初期看好的技术路径。[47]

丰田汽车在面对新能源技术的挑战时，最初也曾经采取了多路径探索。早在 2010 年，丰田汽车就斥资 5000 万美元投资了特斯拉，当时持股比例为 2.4%。而且，丰田汽车与特斯拉很早就在纯电动车领域展开过合作。但遗憾的是，丰田汽车并没有坚持多路径探索，而是将技术方向过早地聚焦在氢能源技术上，认为氢能源车将优于纯电动车，结果导致自身在电动汽车市场上错失了领先优势。

第二，敢投入，但不要赌上身家性命。没有资源的持续投入，企业就无法获得过硬的技术能力，技术创新是一个厚积薄发的过程。华为在 2009 年就成立了通信技术实验室，投入了一定的资源，开启了 5G 的早期研究。在经过一段时间的技术探索后，又持续加大资源的投入。2013 年，华为宣布了一项大的投资计划，决定至少投资 6 亿美元用于 5G 的研究与创新，这笔费用不含产品化投资，只是支持技术研发的资源投入。一直到 2019 年，华为的全球首个 5G 商用网络才正式开通，技术创新才逐步实现了商业化。

毫无疑问，试图利用突破式创新为企业赢得战略先机是大胆而冒险的行为，但是，企业领导者要谨记不要因探索而将公司置于不必要的风险中。在多变的市场竞争中，常常一眨眼的工夫，大赢家就成了大输家。像微软、苹果这样的高科技企业，都曾经在技术创新中下过巨大的战略赌注，也犯过错误。但是这些企业很少下过有大风险或者不可逆的赌注，换言之，这些企业没有赌上自己的身家性命，而是通过计算时间、分散赌注和将技术创新多样化而成功降低了风险。[48]

第三，要独创，但要拥抱潜在的颠覆者。鉴于颠覆性技术的巨大潜在价值，企业常常会秘密地对前沿技术进行探索式研究，即使在公司内部，对于前沿技术的研究也属于公司最高的机密，只有少数的核心领导者能够知晓研究的具体计划与成果。公司这样做是有道理的，因为，只有独创的研究成果才能形成核心技术，进而为企业赢得竞争先发优势。但是，独创并不排斥包容，卓越的科技创新性企业在独创的同时会拥抱潜在的颠覆者，甚至吸纳新兴的破坏者一起创造价值。

比如，海尔构建了生态创新体系有效对抗潜在的突破式创新对公司的负面影响，形成了独具特色的科技创新优势。首先，海尔建立了开放的创新体系优势，这一创新体系被称之为"10+N"科技创新生态，其中 10 代表全球 10 个研发中心，N 则代表着遍布全球的用户需求以及与之关联的合作伙伴和超过 20 万个专家群。遍布全球的创新节点和资源使得海尔能够保持 24 小时连续创新的能力，而且创新周期被极致压缩。其次，从原创技术到形成产业链的成果转化优势。海尔的产品遍布世界，产品要满足不同市场的准入标准，应用场景搭配中国制造，让海尔拥有了市场中罕见的快速反应能力，2012 年到 2022 年的十年内，海尔创造了 170 余项对行业有重大影响的原创技术，全部创新成果均快速转化至产业链。最后，科技与创业相结合的融合创新优势。海尔集团成立了海创汇这一创业孵化平台，将科技创新与创业孵化贯通，形成了科技助力创业、创业加速科创的融合创新模式，吸纳新兴的破坏者一起创造价值。比如，2021 年 6 月，海尔硅谷中心监测到波士顿有一个创业团队正在进行一项研究：将新型控湿材料与制冷系统结合，以实现显著的节能效果。海尔的创业平台便迅速行动，和创业公司展开合作。海尔创业平台弥补了创业团队的短板，为创业团队进行资源整合，将创业公司的新材料研发能力与青岛空调团队的制冷系统设计能力、印度团队的工程能力相结合，形成了一支国际联合创新团队，共创价值。[49]

数字能力：核心竞争力的基石

在 AED 核心竞争力模型中，数字能力是敏捷能力和探索能力的底座，它是一种更深层次的能力，对敏捷能力和探索能力起到重要的支撑作用。换言之，数字能力是敏捷能力和探索能力的基石。2019 年，Gartner 公司首次提出了 EBC 这一概念。在 Gartner 的信息化理论体系中，EBC 是 ERP 概念的升级，如果说 ERP 是工业时代的产物，那么 EBC 则是在数字经济时期传统企业面临转型升级的大背景下孕育而出的。[50] 在 AED 核心竞争力模型中，我将 EBC 视为企业的"数字化业务能力"，即数字能力。从企业信息化、数字化和智能化的演进历程来看，EBC 将是 ERP 下一阶段的演进和升级，企业数字化和智能化的最终目的是利用 EBC 不断提升企业在不确定性中的敏捷能力和演化能力，从而在数字经济时代获得竞争优势。

　　EBC 不是单一的数字能力，而是数字能力的组合。它包括五大核心能力：链接和服务客户的能力、链接和赋能伙伴的能力、链接和赋能员工的能力、链接和管理万物的能力以及数据驱动业务的能力。相应地，EBC 背后有五大能力平台，分别是：客户体验平台、生态系统平台、信息系统平台、物联网平台、数据与分析平台。[51]

　　链接和服务客户的能力有助于企业塑造以客户为中心的成长模式，同时可以强化企业的敏捷能力。德鲁克在多年前就指出，企业存在的唯一目的就是创造客户。[52] 在数字经济时代，企业持续成长的根本动力来自为客户创造价值的能力。尤其重要的是，企业需要重新定义与客户之间的关系，将客户从原来的一次性交易关系转变为能够持续交互的终身客户，让客户参与价值创造。EBC 中的客户体验平台不仅能够为企业提供连接客户的能力，而且能够使用多种技术和服务来提升潜在客户的流量，通过数据分析能力对客户进行精准画像，从而有利于企业为客户提供个性化的体验价值，优化互动过程中每一个触点的体验来提高转化率和客户忠诚度，增加客户的黏性，逐步将一次性交易客户变成终身客户，提升客户的生命周期价值，推动客户角色从价值交换者转变为价值共创者。

　　链接和赋能伙伴的能力可以帮助企业持续构建商业生态系统，从而适应并满足客户多变的个性化需求。在数字经济时代，竞争的层次将是生态系统之间的竞争。大型企业的战略是构建平台生态系统，其目的是为终身客户创造基于个性化体验的价值。由于客户的个性化、场景化价值不是单一企业能够满足的，这时，就需要企业提高连接和整合伙伴的能力。EBC 平台能够帮助企业塑造连接生态伙伴的能力，对伙伴的价值创造过程进行有效赋能和管理，从而推动形成一个共生、共赢的信任生态网络。这一平台聚焦于经营或参与商业生态系统。企业能够在数字世界的商业生态系统中，通过 API（Application Programming Interface，应用程序编程接口）将数据、算法、事务和业务流程等资产提供给外部业务生态系统，从外部创造价值。EBC 推动企业在战略上转型为生态企业，以连接生态合作伙伴，打造与市场、供应链等行业生态系统的连接能力，将价值创造的载体从组织内部拓展到整个价值生态网络。

　　链接和赋能员工的能力帮助企业转型为平台生态型组织，提高企业的敏捷能力和探索能力。在实施战略的过程中，组织结构将会对战略产生重要的制约作用。艾尔弗雷德·D.钱德勒认为，战略决定结构，结构影响战略。[53] 当一家企业在战略上向生态战略转型时，其在组织上也需要同步进行转型，否则，战略就无法得以实施。在数字经济时代，传统的科层式组织结构正在遭遇重大挑战，这种传统的组织结构极大地约束了组织的创造力和适应力。尤其是在高度动荡的环境中，层级较多的组织对市场变化的反应速度严重削弱了价值创造的能力。新型的组织形式将会呈现出"大平台 + 小团队"的模式，组织将逐步演变成平台结构，赋能一线的敏捷团队为客户创造价值。EBC 平台能够将员工连接起来，支持企业构建开放式的网络组织，从而能够激发员工的创造活力和组织的敏捷力。EBC 中的信息系统平台支持核心业务流程及数据的交换，可以将许多软件应用集成在一起，通过链接和赋能员工，将传统的科层制组织逐步转型为组装式的平台型企业；以"大平台 + 敏捷团队"为核心架构，进一步倡导个性化管理，同时信息系统平台还可以为所有主要功能公开 API 服务。通过这种方式，这些应用之间能够动态地交换数据，不同的流程可以在后台和核心平台中得到支持和更改。

链接和管理万物的能力帮助企业构建"产品即服务"的新型商业模式，这一模式可以适应客户对场景价值的需求。在数字经济时代，由于产业互联网的高速发展，将会催生出一种新型的商业模式：产品服务一体化模式。这种商业模式的前提是产品智能化，利用智能化的产品将服务连接整合在一起，从而为客户提供个性化体验价值。EBC 平台中的智能设备连接平台不仅能够推动产品、设备的智能化，而且能够将智能产品、智能设备所产生的数据传输到数据分析平台，在优化智能产品和设备运营的同时，为企业塑造新型的产品服务一体化商业模式提供能力基础。物联网平台能够连接实物资产和消费品等终端，包括连接企业自有设备、连接客户的设备、连接伙伴的设备等，以进行监控、管理和提供服务，进而实现人人、人物、物物之间的互联互通。

数据驱动业务的能力推动企业向数治企业转型。伴随着产业互联网的蓬勃发展，传统企业将逐步向数字企业、数智企业，甚至是数治企业转型，其中数治企业是企业数字化的高级阶段，这类企业不仅将数字作为核心资产，而且通过数字来对企业进行全方位的治理。数字资产、数字技术将会渗透到企业的商业模式、运营模式、管理模式、治理模式等诸多方面。EBC 中的数据智能分析平台可以为企业持续提供数字化和智能化的分析能力，从而支持企业的数字化转型升级，从传统企业转型为数治企业。数据与分析平台中的主要数据来自其他四个平台，其智能化的数据与分析能力可以实现实时事件分析和流程调整，提供决策所需的数据和模型，以及自动化决策执行过程的算法，从而为客户创造个性化的场景价值。[54]

毋庸置疑，塑造企业的 EBC 能力正在成为企业的战略性任务，也有越来越多的企业设置了首席数字官（chief digital officer，CDO）这一职务来统领企业的数字化转型工作。但是，我们需要意识到，塑造数字能力不仅仅是首席数字官及其数字化团队的事情，这一战略性任务需要得到公司各级管理者的支持，并配置充分的资源，否则，数字能力的建设只能是一句空话。比如，美的集团董事长方洪波认为，美的集团的数字化转型，首先要推动每一个员工都参与到数字化转型中。"数字化转型不是某一个部门的事，也不是某一个人的事，也不是管理层的事，它是牵一发而动全身，是整个企业的每一个业务员、每一个人都要参与其中。"[55] 最近几年，我持续跟踪研究了数家在数字能力建设方面取得领先优势的企业，对它们的数字化转型战略进行了深入研究，我发现这些领先企业在塑造数字能力时采取了以下几项重要措施。

第一，建立支撑数字化变革的组织体系。我发现，一些在数字化变革方面领先的大型企业已经建立了相对完善的数字化变革组织体系，这一体系通常包括四类机构：数字化变革委员会、数字化管理部门、业务部门数字化团队以及专业数字化实施团队。其中数字化变革委员会设置在公司层面，由公司高层管理者组成，委员会的主要职责是确定数字化变革的方向以及重大措施、配置资源等。数字化管理部门是数字化变革委员的承接部门，承担着对公司数字化整体战略的制定、重大项目的监管以及数字化人才的培养等工作。业务部门的数字化团队基于业务场景提供数字化需求，协助实施数字化项目。专门的数字化实施团队则负责与业务部门对接，具体负责执行数字化项目。比如，招商局集团明确指出在数字化转型中集团各部门和各二级公司是数字化转型的主体，各级领导是数字化转型的领导者和主要推动者，成立了支撑数字化转型的组织体系，在集团层面成立了数字化领导小组，从战略上把握集团及各二级单位的数字化转型方向，并且在二级公司成立了专门的数字化科技公司来具体负责数字化转型工作。

第二，以业务为导向确定数字化能力建设的优先级。对许多传统企业来讲，数字化能力建设要想取得效果，不仅需要有长期主义和战略耐心，也需要投入大量的资源。数字化转型不仅在短期内难以见到成果，而且从长期来看是否有效果也存在极大的不确定性，这就导致在决策时非常困难。方洪波坦承，对他而言最艰难、焦虑的决策是数字化的投入，美的在数字化上每年都要投几十亿元资金，每到决策是否投资时，他就感觉很迷茫，不知道投资到底对不对，因为数字化转型的成果难以看见。"数字化都是隐形的东西，看不见。但事实上也是能看得见的。就是无法以肉眼去判断，以经验去判断，甚至有时候你不知道这个方向在哪里，这是最大的困难。"[56]

相对管理能力而言，数字化对业务能力的提升是相对看得见的，因此，以业务为导向来确定数字能力开发的优先级成为许多领先企业的选择。比如，一些企业优先从开发客户体验平台开始，直连用户，开展数字化营销，创新商业模式，在取得可见的效果后再开始生产管理、供应链的数字化。当然，对于每个企业来说，处在不同的行业，有不同的商业模式，甚至企业在不同的发展阶段，数字能力建设的优先级也有很大不同。总而言之，数字平台建设的优先级取决于企业的业务模式，首席数字官应基于业务本质梳理出关键任务，充分了解挑战，判断任务的优先级，进而构建一个长期的、清晰的、具有指导意义的数字化转型路线图，指导企业有节奏地开展数字化转型工作。

第三，塑造数字能力是一个持续创新迭代的过程。大部分企业的数字能力建设都不是从零起步，许多企业已经拥有了不少的信息化系统，除非万不得已，企业可以从改造既有信息系统来开始数字能力的建设，这样既可以节省时间，也可以减少费用。企业除了要考虑利用现有系统的能力，还需要明确创新迭代的方向，在识别和评估当下企业数字化业务能力的基础上，结合能力开发的优先级顺序，找到构建新数字能力的切入点。根据 Gartner 的研究，未来的数字能力都将是可组装的、模块化的，它们就像乐高积木一样，可以根据需要被组装成不同的能力模块。Gartner 将这种能力模块称之为 PBC（packaged business capability, 封装业务能力）应用组件，它是指封装好的、具有独立业务能力的应用程序组件，包括微服务、API、事件、用户界面、元数据等基本元素。[57] 现在，越来越多的企业"以建设组装式数字化企业"为战略导向，选择具备组装式技术和组装

能力的新一代数字化技术平台来建设新业务能力，从而实现能力建
设的持续创新与迭代。

总之，伴随着互联网技术，尤其是产业互联网技术的不断发展，
企业需要不断升级数字化的战略。从信息化、数字化、智能化，再
到数治化，数据将成为企业最重要的资产之一，它对企业商业模式、
运营模式和管理模式的影响日益加深，相应地，基于数据而形成的
EBC 数字能力也将成为企业的核心竞争力。

利用核心竞争力打造竞争优势

2021 年 6 月 3 日，在上海举行的浦江创新论坛大会上，华为轮
值董事长徐直军在分享华为创新实践与启示时说过一段话：

> 华为 30 多年的发展，一路走来，可以说就是一个持续创
> 新的历程。5G 让更多的人听到了华为，了解了华为……在移动
> 通信产业的发展长河中，5G 是一个创新成果，也是一个创新起
> 点，创新是无止境的。纵观华为移动通信产业发展历程，无论
> 是 2G、3G、4G 还是 5G 时代，主线只有一个，那就是创新，且
> 走过了从客户需求驱动的创新到愿景驱动的创新。事实上，不
> 仅仅移动通信产业，华为的其他产业，但凡发展得好的，无不
> 是因为有丰富的创新和突破。在华为，创新已经成为一种文化，
> 如何通过创新更好满足客户需求，提升竞争力，为客户创造更
> 多价值，实现领先，已经是一种工作常态。[58]

在徐直军的讲话中提到了两类创新：客户需求驱动的创新和愿景驱动的创新，这两类创新贯穿华为持续创新的整个过程。关于以上这两类创新，一个更加学术的定义是渐进式创新和突破式创新，其中渐进式创新的核心特征是客户需求驱动，突破式创新的核心特征是愿景驱动。创新是竞争优势的来源，这两类创新是企业持续竞争优势的核心驱动因素。

企业要想在高度动荡的环境中持续增长，需要兼顾、平衡渐进式创新和突破式创新两种创新模式，这两种创新模式需要的能力也有所不同。图 7-2 解释了能力、创新、竞争优势这三者之间的关系，我们可以看出，渐进式创新需要更多的敏捷能力，敏捷能力是一种快能力，可以帮助企业敏捷应对当前市场环境，利用渐进式创新改善产品品质、功能，提升"产品—市场"的匹配，同时提升效率或者降低成本；突破式创新需要更多的探索能力，探索能力是一种慢能力，可以帮助企业应对未来的市场环境，利用突破式创新开发新的产品，塑造未来"产品—市场"的匹配。在数字经济时代，随着越来越多的企业转型为数字企业，数字能力会对两类创新模式产生重要影响。

企业增长就是一个持续"改进—突破—再改进"的适应环境变化的进化过程，企业既要着眼于当下的价值，又要思考未来的价值。当下的价值来源于核心业务的盈利，而未来的价值不在于今天的盈利，而是创造新的增长引擎。然而，柯达、诺基亚等企业衰落的案例表明，对于已经在当下市场上取得领先优势的企业来说，创造未来的增长引擎是个巨大的挑战，它们的挑战不在于资源匮乏，

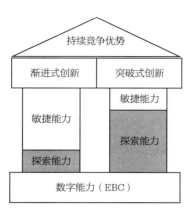

图 7-2　核心竞争力与持续竞争优势

甚至不在于战略方向，而是变革惰性阻碍了它们面向未来进行探索的步伐。

我们不禁要问，已经在当下市场取得竞争优势的企业能够在未来市场生存下来并且变得更加繁荣的秘诀是什么？

秘诀的关键在于已经领先的企业是否有能力识别并克服传统企业墨守成规的应对模式，这就要求领先企业的管理者具有远见卓识，需要有挑战自己成功经验的勇气，并且愿意及时坚决地采取行动，在局势尚未明朗的时候着手行动，支持试验性的突破式创新。但是，已经领先的企业由于自身组织结构、流程和机制的延续性、复杂性，它们认为模糊不清的长期威胁看起来似乎并没有眼下的困境那么危险，这使得已经领先的企业的领导者更青睐的指标是即刻可以实现稳定且不断增长的现金流，更倾向于奖励那些能够在当下持续创造成果的高管，这就导致这些企业难以向新业务打开大门。

有效平衡渐进式创新与突破式创新对已经领先的企业的领导者是个巨大的挑战，管理这样的创新组合需要管理者能够高度容忍未来形势的晦暗不明，打造包含敏捷能力、探索能力和数字能力的能力组合体系，能够适应不断变化的公司内外部条件，保持始终为股东创造价值的强烈愿望。然而，传统企业的领导者更擅长为他们熟知的业务制定战略，他们出于短期经济利益的考虑倾向于保护核心业务，从内心抵触进入他们不熟悉规则的新业务领域。[59] 面对新创企业对市场的不断冲击，已经领先的企业的高层管理者的战略短视和变革惰性无法塑造成就企业未来价值的增长引擎，导致企业丧失了未来的竞争优势。

利用 AMRA 循环塑造新的核心竞争力

尽管企业意识到在数字经济时代需要对核心竞争力进行升级，但是，升级和塑造新的核心竞争力并非易事，因为核心竞争力的升级和重塑涉及领导者的意识、思维、动机，以及企业资源的配置、行动计划等一系列问题。根据对一些领先企业重塑核心竞争力的案例研究，我发现了影响企业塑造核心竞争力的四个关键要素，即：觉察、动机、资源和行动，这四个要素组合成"觉察—动机—资源—行动"模型（AMRA），可以指导企业重塑核心竞争力（图 7-3）。

AMRA 模型的第一个要素是觉察（awareness），觉察是任何行为的必要前提。[60] 尽管有多个因素可以影响企业领导者的觉察力，但是，

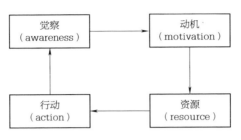

图 7-3　AMRA 循环与动态竞争优势

我认为最重要的一个因素是过度自信。如果企业领导者对企业自身拥有的能力过于自信，就会导致危机意识较弱，进而降低自身对外部环境变化的觉察力。领先企业的领导者常常告诫自己，要小心被过去成功的经验所束缚，他们意识到在高度动荡的环境中，企业建立的竞争优势难以持久，任何优势都有可能被竞争对手模仿甚至超越。企业只有不断地否定自己，保持对外部环境的敏锐觉察，不断地塑造新的能力，利用能力的动态升级来塑造一个个的瞬时竞争优势，久而久之，就可能形成相对持久的竞争优势。

　　不同的能力对觉察对象有不同的要求。敏捷能力主要用于推动渐进式创新，这类创新是由客户需求来驱动的，因此，塑造敏捷能力需要企业能够敏锐地觉察客户需求的变化。探索能力主要用于推动突破式创新，这类创新是由新技术驱动的，因此，塑造探索能力需要企业能够保持对新技术的觉察；数字能力是由数字技术来推动的，因此，保持对数字技术的觉察力对塑造 EBC 能力至关重要。

　　AMRA 模型的第二个要素是动机（motivation），动机是采取行动的意向。影响动机的核心因素是机制，主要包括考核机制和激励机制。企业往往喜欢在考核上强调结果导向，倾向于奖励那些在当下创造成果的管理者，这类考核和激励有助于激发管理者塑造敏捷能力的动机，但是，它们却成为激发探索动机的障碍，不利于提升企业的探索能力。因为探索能力是面向未来的，在当下难以看到成果，甚至未来是否有成果尚有很大不确定性。

领先企业通常会在内部设计两种不同的考核与激励机制来分别应对敏捷能力和探索能力，一类机制聚焦于考核当下成果，考核周期较短，管理者的薪酬和奖励与短期创造的成果紧密相关，这样的考核和激励机制主要用于提升敏捷能力。另一类考核机制适用于探索能力的提升，考核的周期相对较长，重点是监控创新项目的关键节点，所产生的技术创新成果，较少与可定量的经营结果挂钩。

AMRA 模型的第三个要素是资源（resource），资源是塑造能力的必要条件。对任何企业而言，资源往往都是有限的。管理者面临的挑战是如何灵活地在敏捷能力和探索能力之间配置所拥有的有限资源，管理者倾向于把资源配置在当下的战略任务之中，这样看起来更加稳妥，投入见效更快，更容易看到成果。但是，管理者也明白，只有资源支持到位，战略才有可能得到执行，如果不能为探索能力配置资源，企业又如何能够在未来取胜呢？因此，管理者常常为资源的配置而苦恼。一些领先企业为塑造探索能力的资源配置设定了严格的标准和纪律，比如一家公司规定将每年营业收入的 1%作为支持探索项目的资源，鼓励面向未来的探索项目和技术创新。

AMRA 模型的最后一个要素是行动（action）。塑造能力仅仅靠愿景是不够的，没有切实有效的行动团队和行动方案，看似完美的愿景就只是空中楼阁，是无法得到执行的。针对敏捷能力和探索能力，企业需要选择不同的团队来行动。通常，企业大部分的团队都是在围绕着敏捷能力而行动，毕竟企业首先需要活下来，才能够思考如何活得好、活得久。领先企业通常会专门成立面向未来探索的技术团队，这些团队既可能来自内部，也可能来自外部，甚至有些团队的行动是秘密进行的，只有少数的核心管理者才能够知晓探索团队的战略任务。针对敏捷能力的行动方案往往可以通过客户满意度、客户推荐率、成本下降率等定量的成果来衡量，但是，针对探索能力的行动方案无法用量化的指标来衡量，这就需要技术创新团队在行动时制订明确的计划，将大目标分解成小目标、小步骤，这样可以督促团队在每一个阶段都能够脚踏实地，取得阶段性成果。

企业的核心能力是企业获取竞争优势的源泉，如果没有能力的支撑，企业战略就难以落地，优势就难以持续。在高度动态的环境中，我们意识到，要想保持持久的竞争优势越来越困难。企业的任何一个优势都是暂时的，只有不断地否定自己，不断地塑造新的能力，才能打造企业可持续的竞争优势，推动企业的可持续增长。

致　谢

　　本书在研究和写作过程中得到了金蝶集团的大力支持。首先感谢金蝶集团创始人、董事局主席徐少春先生，他多次接受我的深度访谈，毫无保留地讲述了他在过去 30 年里推动金蝶持续变革所遭遇的各种问题和挑战，以及应对挑战时的思考与决策过程，这些宝贵的变革经验对其他企业的变革者而言无疑是弥足珍贵的。

　　衷心感谢金蝶的高管团队以及数十位员工、伙伴和客户接受研究团队的访谈，并在写作中给予我宝贵建议。

　　特别感谢金蝶中国管理模式研究院院长曾昊博士对我的这次研究的支持，他周密地安排了多次调研与访谈，而且协助我组建了一个优秀的研究团队，这个研究团队的主要成员包括：李江、孙谋、王一博、丁威旭、李长江、王晶。在研究过程中，他们协助我进行了多次调研与访谈，而且帮助我搜集、整理了大量的资料，他们的专业精神和敬业精神令人难忘。

　　最后，感谢清华大学出版社的宋冬雪女士，她的效率极高，而且非常专业，在稿件编审、出版方面做出了卓越的贡献。

曹仰锋

2023 年 5 月 26 日

参考文献

1 曹仰锋著，《组织韧性：如何穿越危机持续增长》，中信出版集团，2020 年。
2 马库斯·布伦纳梅尔著，余江译，《韧性社会》，中信出版集团，2022 年。
3 迈克尔·波特著，陈丽芳译，《竞争优势》，中信出版社，2014 年。
4 S. J. Gould, The Structure of Evolutionary Theory , Cambridge, MA: Harvard University Press, 2002.
5 罗伯特·A. 伯格曼、韦伯·麦金尼、菲利普 E. 梅扎著，郑刚、郭艳婷等译，《七次转型：硅谷巨人惠普的战略领导力》，机械工业出版社，2018 年。
6 资料来源：《IDC 中国 EA SaaS 公有云服务市场跟踪报告（2021 年上半年）》。
7 罗伯特·A. 伯格曼、韦伯·麦金尼、菲利普 E. 梅扎著，郑刚、郭艳婷等译，《七次转型：硅谷巨人惠普的战略领导力》，机械工业出版社，2018 年。
8 曹仰锋著，《组织韧性：如何穿越危机持续增长》，中信出版集团，2020 年。
9 马库斯·布伦纳梅尔著，余江译，《韧性社会》，中信出版集团，2022 年。
10 宋志平著，《企业迷思》，机械工业出版社，2021 年。
11 陈劲、焦豪著，《战略管理：打造组织动态能力》，北京大学出版社，2021 年。
12 依琰，信创产业加速扩展 国产替代提速，2020 年 08 月 31 日，来源：人民网，http://it.people.com.cn/n1/2020/0831/c1009-31842279.html。
13 来源：洞察 SaaS：中国 SaaS 的前世今生 发展历程，https://zhuanlan.zhihu.com/p/400207279。
14 来源：甲骨文中国，什么是软件即服务 (SaaS)？ https://www.oracle.com/cn/。
15 艾尔弗雷德·D. 钱德勒著，孟昕译，《战略与结构：美国工商企业成长的若干篇章》，云南人民出版社，2002 年。
16 迈克尔·哈默、詹姆斯·钱皮著，王珊珊译，《企业再造》，上海译文出版社，2007 年。
17 任正非，"在理性与平实中存活"，2003 年 5 月 25 日在华为干部培训班上的讲话。
18 安妮卡·施泰伯著，邓洲、黄娅娜、李童译，《中国能超越硅谷吗？》，广东经济出版社，2022 年。
19 国泰君安：以金蝶 (00268) 为例，揭秘云 ERP 厂商客户成功体系，2020 年。

https://www.zhitongcaijing.com/content/detail/281651.html。

20 麦肯锡：《塑造体验，加速增长，从客户体验中挖掘增长机会》，2019 年 3 月。

21 曹仰锋、王永贵，"OKRs：击中要害"，《这就是 OKR》译者序，该书由中信出版集团 2018 年出版。

22 埃里克·施密特、乔纳森·罗森伯格、艾伦·伊格尔著，靳婷婷译，《重新定义公司：谷歌是如何运营的》，中信出版集团，2021 年。，

23 吉姆·柯林斯著，俞利军译，《从优秀到卓越》，中信出版社，2002 年。

24 安妮卡·施泰伯著，邓洲、黄娅娜、李童译，《中国能超越硅谷吗?》，广东经济出版社，2022 年。

25 里德·哈斯廷斯、艾琳·迈耶著，杨占译，《不拘一格：网飞的自由与责任工作法》，中信出版集团，2020 年。

26 杨国安、李晓红著，《变革的基因：移动互联时代的组织能力创新》，中信出版集团，2016 年。

27 吉姆·柯林斯著，俞利军译，《从优秀到卓越》，中信出版社，2002 年。

28 迈克尔·塔什曼、查尔斯·奥赖利三世著，苏健译，《创新跃迁：打造决胜未来的高潜能组织》，四川人民出版社，2018 年。

29 丽塔·麦格拉思著，罗祥译，《拐点》，中信出版集团，2021 年。

30 任正非：向上捅破天，向下扎到根。来源：《科学：无尽的前沿》，范内瓦·布什、拉什·D.霍尔特著，崔传刚译，中信出版集团，2021 年。

31 具体的科技创新成果数据由金蝶集团提供。

32 蝉联第一！金蝶夺冠 Gartner 中国高生产力 aPaaS 市场！来源：搜狐新闻，https://www.sohu.com/a/545926072_121124372。

33 塞缪尔·亨廷顿、劳伦斯·哈里森著，《文化的重要作用：价值观如何影响人类进步》，新华出版社，2010 年。

34 约翰·P.科特、詹姆斯·L.赫斯克特著，李晓涛译，《企业文化与经营业绩》，中国人民大学出版社，2004 年。

35 迈克尔·波特著，李明轩、邱如美译，《国家竞争优势》（上），中信出版社，2012 年。

36 卡里姆·哈伯特著，谭群译，《赋能：打造快速应变的敏捷组织》，中国广播影视出版社，2023 年。

37 彼得·德鲁克著，王永贵译，《管理：使命、责任与实务》，机械工业出版社，2016 年。

38 汤姆·彼得斯，南希·奥斯汀著，《追求卓越的激情》，中信出版社，2003 年。

39 国务院，《"十四五"数字经济发展规划》，2021 年 12 月 12 日。

40 C.K. Prahalad and Gary Hamel, The Core Competence of the Corporation, Harvard Business Review, May–June, 1990.

41 曹仰锋著，《黑海战略：海尔如何构建平台生态系统》，中信出版集团，2021 年。

42 杰夫·戈塞尔夫、乔什·赛登著，黄丽莉译，《敏捷商业：在不确定中持续感知

与响应客户需求》，中信出版集团，2023 年。

43 黎万强著，《参与感：小米口碑营销内部手册》，中信出版集团，2018 年。

44 来源：上汽大众同比增长 6.3%，直连用户理念立功，https://www.163.com/dy/article/HSVJ87A905372P80.html。

45 纳西姆·尼古拉斯·塔勒布著，万丹、刘宁译，《黑天鹅：如何应对不可预知的未来》，中信出版社，2011 年。

46 来源：丰田输了！掌舵逾 13 年的丰田章男辞职，丰田的电动化之路遭遇挫折，https://new.qq.com/rain/a/20230130A04CFD00。

47 华为徐直军：华为创新实践与启示，来源：新华网，2021 年 6 月 3 日，http://www.xinhuanet.com/info/2021-06/03/c_139987128.htm。

48 大卫·B. 尤费、迈克尔·A. 库苏马罗著，王海若译，《战略思维》，中信出版集团，2020 年。

49 来源：跨越周期的创新之谜，海尔的生态创新背后，https://www.haier.com/press-events/news/20220225_176377.shtml。

50 Gartner 公司：How to Live Happily Ever After With Your Middle-Aged ERP Vendor，2019。

51 Gartner，"使用数字业务分层来传达您的数字意图"（Use Gartner's Digital Business Layers to Communicate Your Digital Intent），2019。

52 彼得·德鲁克著，慕凤丽译，《公司的概念》，机械工业出版社，2018 年。

53 艾尔弗雷德·D. 钱德勒著，《战略与结构：美国工商企业成长的若干篇章》，云南人民出版社，2002 年。

54 此部分内容参见：徐少春、曹仰锋，EBC：数字时代企业的核心竞争力，《中国管理发展报告（2022）》，社会科学文献出版社，2022 年。

55 方洪波：将推动全球工厂数字化转型，来源：广州日报，2021 年 3 月 18 日。https://baijiahao.baidu.com/s?id=1694531888484721101&wfr=spider&for=pc。

56 方洪波：美的的数字化转型实践！来源：青腾，2022 年 11 月 25 日。https://new.qq.com/rain/a/20221125A05HTK00。

57 Gartner,Innovation Insight for Composable Modularity Of Packaged Business Capabilities，2019。

58 华为徐直军：华为创新实践与启示，来源：新华网，2021 年 6 月 3 日。http://www.xinhuanet.com/info/2021-06/03/c_139987128.htm。

59 克里斯·布拉德利、贺睦廷、斯文·斯密特著，《突破现实的困境：趋势、禀赋与企业家的大战略》，上海交通大学出版社，2018 年。

60 在动态竞争理论框架中，针对如何降低竞争者的对抗性，陈明哲教授提出了"察觉—动机—能力 (awareness-motivation-capability)"三因子分析架构，又简称为 AMC 分析法。AMC 模型强调驱动竞争响应或者战略行为有三个核心要素：觉察到竞争对手的行动，有响应的动机，并且有能力做出响应。